谢 涛　昊天牧云　著

谢涛说真三国

陆

浙江工商大学出版社　杭州

ZHEJIANG GONGSHANG UNIVERSITY PRESS

图书在版编目（CIP）数据

谢涛说真三国.陆／谢涛，昊天牧云著.—杭州：
浙江工商大学出版社，2019.11
ISBN 978-7-5178-3364-2

Ⅰ.①谢… Ⅱ.①谢… ②昊… Ⅲ.①中国历史—三
国时代—通俗读物 Ⅳ.① K236.09

中国版本图书馆 CIP 数据核字 (2019) 第 156023 号

谢涛说真三国 （陆）
XIETAO SHUOZHENSANGUO （LIU）
谢 涛 昊天牧云 著

责任编辑 唐 红 谭娟娟
封面设计 新艺书文化
责任印制 包建辉
出版发行 浙江工商大学出版社
（杭州市教工路 198 号 邮政编码 310012）
（E-mail:zjgsupress@163.com）
（网址:http://www.zjgsupress.com）
电 话 0571-88904980 88831806（传真）
排 版 程海林
印 刷 北京晨旭印刷厂
开 本 787mm×1092mm 1/16
印 张 15
字 数 181 千
版 印 次 2019 年 11 月第 1 版 2019 年 11 月第 1 次印刷
书 号 ISBN 978-7-5178-3364-2
定 价 45.00 元

目录

第七章　司马懿发动高平陵之变

第八章　曹魏政归司马家

第一章

后曹操时代的魏国

曹丕的担心

曹操去世以后，北方似乎顺理成章地进入了曹丕时代。不过，曹丕本人却并不那么乐观，他觉得自己的根基不稳。这样的担心不无道理，因为他和曹植之间曾经展开过激烈的夺储之争。尽管自己已经成了魏国太子，但那些曹植的党羽仍然蠢蠢欲动。其实，即便在宣布曹丕当太子后，曹操也仍然在不断动摇着，觉得不让曹植当太子好像有点可惜了。后来，曹操也做了一次努力，想帮曹植翻盘。就在关羽北伐杀向樊城的时候，曹操曾任命曹植为南中郎将，代理征虏将军之职，让曹植带上军队去和关羽拼一拼。

要知道，当时的关羽风头无两，搞得曹操都有迁都的念头了。许都城里很多人都做好了关羽打过来的思想准备。可以说，曹操那次南下与关羽之战的意义相当重大，可是他没有派太子曹丕出场，而是让曹植带队出征。虽然可以把曹操这种举动说成保护太子，不想让曹丕到前线去冒险，但实际上大家都猜得出曹操内心的真实想法，他还想再给曹植一次证明自己的机会。

以曹丕的聪明，自然也明白这个道理，所以他听到这个消息后立刻睡不着了。曹丕明白，即便曹植此次战败归来，罪责也不会太重，毕竟在大部分人心中，自己这个三弟只是一个文采出众的人。曹丕更清楚的是，如果曹植此战得胜归来，自己将会面临十分严重的后果，继承人的地位很有可能受到威胁。

说实话，曹植这次的胜算还是很大的。为了保证这一仗能打赢，曹操不仅把魏国最好的名将，如徐晃、张辽等都交给曹植指挥，还联合孙权在关羽背后全力搞破坏。这几个因素加在一起，关羽的结局也就不难想象了。

曹丕当时在邺城留守，得到曹植将要出征的消息以后，立刻和手下的谋臣们连夜讨论，最后得出结论，那就是一定要想办法让曹植当不成这个统帅。于是，曹丕骑上快马，一口气儿冲到许都，悄悄找到曹植，满脸堆笑地对弟弟说："老弟，祝贺你这次当了军事统帅，我特意从邺城过来给你饯行。来，预祝你能顺利搞定关羽，咱们好好喝几杯。"

按说曹植此前刚和曹丕进行过你死我活的争斗，对曹丕突然到访，应该保持高度警惕才对，不管对方说什么甜言蜜语都不能信，酒就更不能喝了。可偏偏曹植这个人更看重情感，身上的诗人气质太浓，他觉得这酒不能不喝，理由有二：第一，对方是自己的亲哥，还是魏国的太子，不喝面子上说不过去；第二，有好酒不喝，实在是暴殄天物。于是，曹植稍微想了想，便答应和曹丕一起喝几杯。虽然曹植面对好酒是临时起意，曹丕却是有备而来。几番推杯换盏之后，曹丕一点事儿没有，曹植却已经喝多了。

一看目的达到了，曹丕立刻骑上快马，狂奔回邺城，假装自己不在

"犯案现场"，只留下了曹植倒在那里呼呼大睡。碰巧这时曹操要召见曹植，却发现曹植已经醉得不成样子，大怒不已，心想："马上你就要领兵出征了，居然喝成这副德行，还有什么资格当领军大帅？"于是当场收回成命，免去了曹植的职务。曹植的将军之路算是彻底泡汤了。到这个时候，曹植才明白，自己上了曹丕的当。

实际上，曹植直到曹操去世前都还是有一丝希望的。曹操临死之前，觉得需要交代后事了，按照传统习惯，他应该把自己法定的继承人曹丕叫来嘱咐几句，然后给曹丕选几个头脑清楚的顾命大臣。可是，曹操没有这么做，只把曹彰叫了回来。曹彰是曹家第二代中的军事领导人，曹操叫曹彰过来的意图很明显，就是要把最后的遗言说给这个直肠子的"黄须儿"。

前文提到过，曹彰只对打仗感兴趣，对治理国家一点儿兴趣都没有。而且，曹彰没有任何倾向，又是曹操的亲生儿子，手中还握着兵权，对曹操来说是最放心的、可以交代自己后事的人了。

当然，曹操到底想对曹彰说什么话，后世已经不可考了，因为连曹彰自己都不知道。他接到诏命，还在半路上拼命狂奔的时候，曹操就已经去世了。

曹操去世后的混乱

曹操逝世以后，最忙碌的、最惶恐的莫过于曹丕了。当时曹丕驻守在邺城，曹操在洛阳养病直到去世。如前所述，曹彰没到邺城见曹丕之前，是接到老爸的命令直接赶往洛阳，听他说咽气之前的最后几句话的。

哪知道曹操没有等到曹彰过来就去世了。这个时候的局势就很敏感了，任何一个人、任何一个举动、任何一句话都有可能被放大，对魏国的未来产生重要影响。

曹彰是个直肠子，到洛阳以后，他上来就问贾逵魏王的印玺在何处。如果换成是别人，一看是曹操平时信任的儿子曹彰，估计会直接把曹彰想要的东西给他。但贾逵不是一般人，听了这话以后，一脸严肃地对曹彰说："国有储副，先王玺绶非君侯所宜问也。"贾逵的意思是，现在魏国已经有法定继承人了，先王的印玺只有太子才有资格接受，侯爷①您是不应该问这个东西的。后世很多人认为，曹彰也许这个时候已经有了野心，否则不会在这么敏感的时候问印玺的事情。其实仔细想想，曹彰如果真的有野心的话，根本不会是这种表现。

当时曹彰在长安一带握有规模庞大的军队，如果真有野心，就不会是他一个人来了，也不会仅仅问一下印玺在哪儿，而会直接开打，把印玺抢过来。而且，曹操把曹彰叫回来交代后事大家都是知道的，所以他只要说曹操最后交代的事是让他来继承大统，根本不必害怕贾逵。实际上，以曹彰过往的表现和他的性格来看，他只是不太会玩政治，脑子不怎么会转弯儿，只想早一点把印玺拿到手，以便曹家的势力能够早日稳固下来。估计曹操也是这么想的，在觉得自己来日无多的时候，把曹彰叫来，最根本的原因就是想让他成为曹家的保障。如果曹彰真能在曹操去世前赶到洛阳，那么，曹操可能会亲手把魏王的印玺交给他，然后由他转交给自己指定的继承人。

---

① 建安二十一年（216），曹彰受封为鄢陵侯，故贾逵以侯爷称之。

曹操逝世的消息传到邺城之后，邺城上下一片哗然，种种迹象表明，国内不安定的因素已经开始发酵了，连军队都有了骚动的迹象。如果处理不好，很快就会引起内乱。

　　曹操文韬武略样样精通，他在世的时候底下的大臣个个都买他的账，现在他去世了，大家对资历尚浅的曹丕很不放心。其实，曹丕手下的高参们之前已经想到这种情况了，他们绞尽脑汁，提出了一个稳定人心的想法，那就是秘不发丧。等局势明朗稳定了，再给曹操补开一个隆重的追悼会。

　　这种想法的出发点是好的，他们盘算着，只要他们几个能守住这个秘密，不明真相的人就不敢肯定曹操是不是真的死了。然后，再把那些散布小道消息、造谣生事的人统统抓起来治罪，天下不就可以一直太平了吗？

　　事情真的这么简单吗？很显然，这里面是有问题的。这个时候，有个头脑清醒的人站出来了，他就是贾逵。贾逵认为，这么做是把别人当傻瓜看。纸是包不住火的，这样做除了表明大家情绪都不稳定，曹丕对自己的前途丧失信心之外，起不到任何积极的作用。一句话，越早公布曹操逝世的消息，就越能掌握主动权。大家一听，觉得很有道理，万一秘不发丧导致局势真的失控，后面就更难办了，所以都同意了贾逵的意见。

　　于是，曹操逝世的消息很快就公之于众了。可是公布消息以后，魏国国内真的出状况了。有人火速前来汇报，青州兵开始离开他们的驻地，向东面移动，目的不明。这帮青州兵是当初曹操收降的黄巾军，原本是一些吃不饱饭的老百姓，因局势所迫才造反的。后来，曹操许诺给他们关于土地的优惠政策，他们才跟着曹操。现在曹操去世了，这些青州兵，特别是早年从黄巾军过来的那帮人，觉得天下可能又要乱了，于是收拾行装，准备回家种地去了。至于新领导曹丕，青州兵根本不买他的账。据史料记载，"霸所部及青州兵，以为天下将乱，皆鸣鼓擅去"，"擅去"是指在没有收到命令的情况下擅自离开。

消息传回来，大家都很气愤，纷纷情绪激动地表示，对那些不听话的青州兵，应该采取武力制止的措施，看以后谁还敢踏过这条红线。这个时候，贾逵又站出来了，他表示，青州兵本来只听先王的话，现在他不在了，我们也不应该粗暴地对待人家。如果现在用武力镇压他们，动乱立刻就会在魏国全面铺开。所以，贾逵建议还是采取和平的方式，既然他们想走，就让他们去找一个地方安家吧。

曹丕这个时候也体现了一些过人之处，他没有慌乱，而是非常冷静地听取了贾逵的意见。上回贾逵说要发丧，他听了；这回贾逵说要放走青州兵，曹丕又在想，青州兵人多势众，还真不能把他们逼急了，必须以安抚为主。

据史料记载，当时青州兵的数量在三十万左右。不过，对这个数字后人是有争议的，如果当时真有三十万青州兵，曹操后面几年在战场上还会打得那么吃力吗？其实，这个数字指的未必全是当兵的人，而是泛指整个青州兵集团，里面真正到前线冲锋陷阵的估计只有几万人，其他的应该都是他们的家属。众所周知，黄巾军最有特色的地方，就是打仗的时候要把妻儿老小、锅碗瓢盆统统带在身边，仗打到哪儿，家就安在哪儿。

由此可以看出，贾逵说得不无道理。现在挡住这帮人，不仅挡住了一支军队，更是挡住了一个小社会。这些人的情绪一旦不稳定，可能就会起兵造反，而且，他们造反的情绪估计会像病毒一样传播出去，因为他们本身就是老百姓，会让魏国的其他百姓也跟着骚动起来。

看到曹丕不反对，贾逵就写了一篇文章，以魏国政府的名义发放到各地。文章中明令要求各地政府在青州兵到达的时候，一定不要为难他们，只要他们想走，一律绿灯放行。

那些青州兵原本心里很忐忑，不敢确定自己这么大规模的"擅去"会不会招致血腥的镇压，可是没想到一路好吃好喝，也没人为难自己，便高高兴兴地回老家种地去了。于是，这支已经存在了二十多年的军队，就这样在曹操去世后不久彻底解散了。

青州兵的事情总算解决了，但是，另外一些更为敏感的人又来闹事了。这些人向曹丕建议，"或言宜诸城守，悉用谯、沛人"。意思是说，您应当把各个城池的守将都换成您家乡的谯县人和沛国人。这个建议很有深意，谯县是曹操的老家，按他们的意思，曹丕现在非常有必要对权力进行重新洗牌，只有"老乡帮老乡，心里才不慌"。

这个建议一出，立刻引来口水无数。如果它真的被采纳，魏国阵营内部不闹翻才怪。因为曹操手下的牛人们大多数都不是曹操的老乡，他们跟着曹操冲锋陷阵了几十年，如今曹操刚一去世，就统统退居二线的话，能不起来反抗吗？

在反对者当中，情绪最激烈的要算魏郡太守徐宣了。问题才摆上桌面，徐宣就大声谴责道："今者远近一统，人怀效节，何必专任谯、沛以沮宿卫者之心！"他的意思是，如今各地都归于一统，每个人对魏国都怀有效忠之心，何必专用谯县人和沛国人，来伤害那些守卫将士的感情呢！大家一听就明白了，这个政策肯定是行不通的，除了得罪人之外，没有任何积极的效果。

曹丕当然也不愿意得罪大多数人。于是，这个提案很快就被否决了。直到这个时候，曹丕的地位才真正被确定下来。可以说，曹丕在权力转换的敏感时期内没有做错一件事，尽管主意都不是他出的，但是意见他条条都听对了；如果听错其中任何一条，曹丕的下场可能都会很难看。所以，曹操确实看准了人，在玩政治方面曹丕确实比曹植更厉害一些。

曹丕当上了魏王

因为躺在棺材里的是自己的亲生父亲，不管其中是否有政治作秀的需要，曹丕都必须要哭。曹操生前，曹丕通过痛哭赢得了好感；现在曹操去世了，曹丕就更要哭了，而且得放声大哭，最好哭得惊天地泣鬼神。虽然刘备被后世戏称为三国里最会哭的人，但如果按时机来算的话，真正能哭的，而且哭到点子上的反而是曹丕。

看见曹丕一直对着他父亲的遗体大哭，太子中庶子司马孚站出来说话了，他劝曹丕道："君王晏驾，天下恃殿下为命。当上为宗庙，下为万国，奈何效匹夫孝也！"这话的意思是，先王去世，全国上下都仰仗殿下您的号令。您应该上为祖宗的基业着想，下为全国的百姓考虑，怎么能效仿普通人尽孝的方式呢？曹丕却不这么认为，他又哭了很久，才起身说道："卿言是也。"

曹丕这边不再哭了，但其他人一点儿停下来的意思都没有。很多大臣知道曹操去世了，都跑过来聚拢在一起，放声大哭，哭声此起彼伏。这些人里大部分确实是因内心悲痛而哭的，他们跟着曹操鞍前马后了大半辈子，事业上欣欣向荣，日子越过越幸福，可没想到就在这个节骨眼儿上，曹操却抛下他们走了。照目前这个形势，不光外有孙权、刘备两个强敌，内部还有曹家兄弟在争权，未来的幸福指数肯定会呈断崖式下跌。所以，这些曹操的老臣子的痛哭是真的，不过有多少个是真心为曹操哭就不好说了，为自己哭倒是非常明显的。

司马孚一看这种情况，很生气，严厉地对这些大臣们大声说道："今君王违世，天下震动，当早拜嗣君，以镇万国，而但哭邪！"他的意思是，如今先王去世，全国都被震动，当务之急是拜立新君，以镇抚天下，难道你们只会哭泣吗！说完，司马孚喝令大家先离开现场，之后再安排具体的治丧事宜。

司马孚的话很有道理。曹操已经去世了，大家再怎么哭，他也不会活过来了。当前工作的重中之重，应该是尽快让曹丕当上一把手，免得魏国国内出现更大的混乱。

有人认为，让曹丕当上魏王是件很容易的事情。但是，按程序来说，必须有汉献帝刘协的诏书才算合法合理。问题是现在汉献帝还在许都，要是等汉献帝在诏书上盖好公章再送回来，时间就拖得太久了。时间一长，什么变数都可能出现。况且，汉献帝肯不肯盖这个公章还是未知数，万一这个窝囊皇帝因为之前的事心怀怨恨，趁曹操过世之机拖着不盖公章，曹丕也没什么办法。

现在的曹丕还不是合法的魏王，一点发言权都没有，只能愣愣地看着大家。这个时候，尚书陈矫站出来说话了："王薨于外，天下惶惧。太子宜割哀即位，以系远近之望。且又爱子在侧，彼此生变，则社稷危也。"陈矫这话的意思是，魏王在外去世，全国上下都惶恐不安。太子您应该放下哀痛，立即继位，以安定全国的人心。况且，魏王喜爱的儿子曹彰正守在灵枢旁边，如果他此时生出什么变故，国家社稷就将面临极大的危机。

陈矫不愧是曹家的死忠粉，他的头脑太清醒了，完全是从曹丕的角度考虑这件事，而且直接把曹彰的威胁提了出来。曹彰手上握有兵权，而且已经带兵来到洛阳讨要印玺，对曹丕来说是目前最大的威胁。

大家听完陈矫的话后，想了一下，觉得很有道理，便迅速行动起来，只用了一天的时间就把相关仪式都完成了，以魏王后的名义命曹丕接任曹操的位置。

就这样，曹丕当上了魏王。很快，汉献帝也派御史大夫华歆来到邺城，册封曹丕为丞相、魏王。至此，曹丕成了东汉王朝实际意义上的最高领导人。

要不要代汉

曹丕顺利接班成为魏王以后，就开始谋划着更进一步。这一步曹操没能实现，现在将由曹丕来完成。目前的情形是，东汉朝廷的一切都在曹家的掌握之中。从公元25年刘秀称帝，到公元220年，东汉这辆马车已经整整跑了195个年头了。这辆马车慢慢变成了破车，而且就快散架了，已经徒有虚名，行将就木。

而对于曹家来说，官员是自己的人，将领是自己的人，士兵是自己的人，连百姓都是自己的人。东汉的一切都已经掌握在自己手里，还有什么好犹豫的呢？一个新的帝国即将诞生。

曹丕想当皇帝，必须有人先下台，这个人就是汉献帝刘协。就实力对比而言，曹丕想怎么上位，就可以怎么上位。无论是用武力还是用和平的方法都没有问题，根本不需要考虑具体的篡位模式。但曹丕觉得，自己还是应该稍微谨慎一些，毕竟要考虑到政治影响，总不能大步流星地到许都去和汉献帝直接交接，那样会很尴尬，一不小心还会很血腥。经过这么多年在官场上的历练，曹丕已经有了一定的政治手腕，他明白有些戏还是得演一演的，至少从表面上看，这事儿得是和平解决的。

　　曹丕既想让汉献帝下台，又想事情办得漂亮，堵住大家的嘴，就有点难办了。不过，曹丕下定决心，这次一定要把这件事办成功，他很快想到了一个古老的词汇——禅让。所谓禅让，是指最高领导人自愿把位子让给其他人。有了这个主意，曹丕就打算去许都找汉献帝了。

　　虽然已经明确了结果，但是这场戏的中间过程怎么才能演得好，这就要靠他手下的那帮人了。那帮人一直很聪明，之前可以想办法把曹植狠狠陷害了一把，现在自然也可以帮着自己把汉献帝拉下马。

　　魏国这里有政治表演天分的人才是非常多的，这次抢在最前面的是左中郎将李伏和太史丞许芝。这两人用眼角瞄到了曹丕的脸色，立刻知道了曹丕的想法，于是，他们站出来上书说："魏当代汉，见于图纬，其事众甚。"这话的意思是，魏应当取代汉，谶纬之书里的很多事例都说明了这一点。之后，两个人列举了各地出现的各种祥瑞，并引经据典，充分论证了魏当代汉的重要性、必要性、急迫性和合理性。

　　话题一经打开，大家的思路立马开阔了。曹丕手下有的是人才，大家加班加点，把历史上的那些书籍拿出来翻来覆去地搜索、查找，整理后写到纸上，组织大家到处散发。第二天一早，百姓一觉醒来，忽然发现身边到处都是预言，而且预言的内容都不约而同地指向了同一个方向。

第一个预言是当时有目击者声称看到了凤凰、黄龙、麒麟等神物。当然，不会有人追究目击者是否真的看到了这些动物，大家只想追究一下为什么会出现这个现象，有什么深层意义。于是，学者们翻开字典查找，并很快得出了结论，《易传》上记载："上下流通圣贤昌，厥应帝德凤凰翔，万民喜乐无咎殃"；"圣人受命，厥应凤凰下，天子虏"；"黄龙见，天灾将至，天子绌，圣人出"。除《易传》外，《易运期》中说得更明白："鬼在山，禾女运，王天下。"这句话其实是拼了一个字，左边是禾加女，右边是个鬼，合起来就是魏字。也就是说，曹魏时代马上就要到来了。

第二个预言引用了谶纬经典《春秋玉版谶》。书中说"代赤者魏公子"，这话不就更加赤裸裸了吗？"赤"字代表汉朝，当年"赤帝斩白帝"的故事曾经疯狂流传过，汉高祖刘邦以汉朝取代了秦朝的位置正是印证了这个预言。所以，"代赤者魏公子"里的"魏公子"，自然是指曹操的儿子曹丕了。

第三个预言来自另外一本谶纬经典《春秋·佐助期》。书中说"汉以许昌失天下"，意思是说，汉朝到了把许昌当成首都的时候，天下就完蛋了。

第四个预言同样来自《春秋·佐助期》，书里写道："汉以蒙孙亡。"这话的意思是，汉代到了蒙孙的时候就要亡了。显然，这里的蒙孙就是指现在的汉献帝刘协了。

第五个预言出自《孝经·中黄谶》。书中说："日载东，绝火光。不横一，圣聪明。四百之外，易姓而王。天下归功，致太平，居八甲；共礼乐，正万民，嘉乐家和杂。"这段话是说，汉朝已经运行四百年左右了，现在是应该改变姓氏，另立新王了。

这还不算完，还有第六个预言。经典纬书《易运期》中说："言居东，西有午，两日并光居日下。其为主，反为辅。五八四十，黄气受，真人出。"其中，"言居东，西有午"合起来正是一个许字，不用多说，下一句肯定是个昌字。这个预言仍然在强调，汉朝到了许昌以后就等于到了死胡同，最后肯定会灭亡。"黄气受"，黄是指土色，曹家一直说他们家是"土德"，所以，现在是"以土代火"的时候了，就像当年汉高祖刘邦上位时说的"以赤代白"一样。

上面这些预言都是从历史文献中找出来的，属于理论范畴。正所谓理论必须结合实践，所以还需要辅助一些现实的举措。当然，这也难不倒"专家"们，他们发现公元 220 年是庚子年，所以借着庚子这两个字做了一下文章，"庚者，更也。子者，兹也。圣人制法天下治。"这句话连起来看，是说今年就是必须改朝换代的时候了。

当然，这话说起来有点勉强，容易让人抓住把柄。因为按天干地支的历法计算，每六十年就会出现一次庚子。照这个预言的说法，是不是每六十年就得更改一次呢？冥冥之中，这句话还真说对了一次，曹氏政权就是一个短命的王朝，存活时间只有短短四十多年，还没等到第二次庚子时就更换执照，改换招牌了。

虽然以上这些预言现在看起来都挺不靠谱的，但是在那个年代，大家都吃这一套。没过多久，大家就都觉得曹丕应该当皇帝，汉朝是时候退出历史舞台了。汉献帝面临着空前的压力，不过，他很明白，如果自己再不主动出来配合，真要硬扛到曹丕亲自动手，那后果就相当严重了。况且早就有曹丕的人在许都活动了，他们的目的和做法相当明确，就是劝皇帝识相一点，主动让贤。于心而言，汉献帝当然不想让位，但是，现在的情形已经由不得他自己做选择了。

"汉以强亡"

在各种势力的重压之下，汉献帝刘协只能主动提出来，自己打算向当年的尧、舜学习，把皇位禅让给魏王曹丕。现在，大家都等曹丕在皇帝下的禅让诏书上签字同意，就算顺利完成任务了。偏偏这时，曹丕刹车了，不是说他不想签这个字，而是他要故意装一下谦虚。于是，一大帮人又进入了下一个流程，那就是劝进。

在禅让这件事情上，曹丕已经入戏了，三番五次地谦让，搞得大家，包括汉献帝也是几次三番地请求，甚至有点到央求的地步了。最后，曹丕实在推辞不过了，才"勉为其难"地答应皇帝解决他这个难题，说这话的语气，好像不是自己要抢人家的皇位一样。

延康元年（220）十月初四，曹丕来到曲蠡（即繁阳亭）。繁阳亭位于许都南面，离许都不远，以前曹操出征时，汉献帝会派使者到这里来，慰问军队。但是，曹丕这一趟来，身份已不是出征的将军，而是将要接受皇位的准皇帝。

曹丕到繁阳亭后没多久，汉献帝就把文武百官召集到一起，当众宣布禅位事宜。汉献帝早就一无所有了，还有什么可让的呢？而曹丕偏偏需要他让，否则自己就会在历史上留下废帝的恶名。到十月十三日，汉献帝签发了最后的文件，也就是退位文件，他用皇家的礼仪祭祀了高祖庙，把这件事向他的老祖宗进行了说明汇报。然后，汉献帝派出御史大夫张音，捧着皇帝的玺绶以及诏书，向曹丕宣布了自己的决定，正式办理了禅让手续。

到这时，国家的权力算是和平交接完了。可是，此时的曹丕还是几次三番地推辞，汉献帝也不得不陪着演戏。其实，曹丕哪能不愿意，他暗示手下要为"禅让"建一座受禅台。这样，自己当皇帝才算光明正大、名正言顺。

受禅台建在哪里好呢？就建在繁阳亭吧！繁阳亭北邻颍河古道，是南北交通中一个重要的水旱码头，交通十分便利。繁阳亭传说多次落过凤凰，走过麒麟，被人们认为是最好的风水宝地。基于这些理由，曹丕决定把受禅台建在这里。他利用司马懿在这里驻扎的十四万部队筑了一个高台，以备受禅盛典之用。

据史料记载，这个平台高十三米，底周长三百六十八米，总面积有八千四百四十八平方米。台前有两块碑，一个是受禅碑，一个是受禅表碑。受禅碑，就是公卿将军上尊号的奏碑，碑上刻着公卿将军们当时呈给曹丕的奏章，内容主要是群臣力劝曹丕以魏代汉，建立魏国帝国的事情；受禅表碑则详细记录了延康元年（220）农历十月二十九日曹丕称帝的全过程，见证了曹丕篡汉的事实。两碑至今并列立于繁阳亭内的汉献帝庙旧址上，碑呈圭形，额有穿，上面没有其他华丽的装饰。

延康元年（220）十月二十九，受禅台下三十多万人的部队旌旗招展，锣鼓喧天。在一片欢呼万岁声当中，魏王曹丕及公卿将军王侯们挟汉献帝步入受禅台台顶。

对于当时受禅大典的盛况，裴松之注引《献帝传》云："魏王登坛受禅，公卿、列侯、诸将、匈奴单于、四夷朝者数万人陪位。"可见当时典礼场面的显赫、隆重。据史料记载，受禅台占地十三亩，按品级分为三级，每一级有二十七级台阶，共八十一级台阶通往顶端。台顶靠北处建有一栋宫殿似的建筑，这座建筑的楼阁石栏气势磅礴、威武雄壮，引得历代文人墨客前来登台观赏、作赋吟诗。可惜到了今日，这里只剩下一个土台，根本看不出一千八百年前，中国的历史在这里拐了一个弯儿，拥有四百多年历史的汉朝在这里戛然而止。

受禅台的仪式完成，表明曹丕接受了汉献帝的禅让，代汉立魏，改年号为黄初，史称魏文帝。

在曹丕代汉立魏的过程中，还发生了两个有意思的小插曲。第一个小插曲和曹丕的妹妹曹节有关。之前说过，曹丕如果想"合理合法"地当上皇帝，就必须有皇帝的玺绶及诏书才行。众所周知，传国玉玺相当于皇帝的身份证，皇帝的公章还在自己家里留着呢，这才是最重要的东西，必须拿到才行。原本曹丕以为拿到传国玉玺不是什么问题，因为传国玉玺在自己的皇后妹妹曹节手里拿着。

现在曹操的儿子（曹丕）把自己的妹夫（汉献帝）废掉了，妹妹（曹节）也就跟着一起失去了尊贵的身份。从这个角度想，曹节心里当然是不爽的。所以，当曹丕派人去跟曹节要玉玺的时候，她死活不给。曹丕派出的使者来了好几拨，都被曹节狠狠地骂回去了。

曹节是自己的妹妹，曹丕自然不好痛下杀手。不过，下不去手不等于脸皮不够厚。为了达成自己的目的，曹丕很有耐心，不断派人去催。这些人一开始说的还是好话，但后来慢慢地就不太友好了，他们声称自己是奉命执法，如果曹节继续采取非暴力不合作的态度的话，由此引发的一切后果就得由她自己负责了。至于前朝皇帝刘协的身份、地位，以及人身安全等，也就难以得到保障了。

使者们催久了、话狠了，效果就有了，曹节最终意识到这样不是长久之计，自己一个女流之辈，是万万守不住这个宝贝的。无奈之下，曹节终于答应把玉玺交给曹丕。曹丕派来的使者很高兴，毕恭毕敬地准备接受玉玺。谁知道曹节举起玉玺，不是递到使者手里，而是一把将它扔到台阶下面，然后回过身去，掩面痛哭，喊了一句："不祚天尔！"

虽然挨了骂，但是好歹拿到了玉玺，完成了任务，使者也就满意地回去了。后来，使者把曹节的话汇报到曹丕那里，曹丕对自己的妹妹还是很理解的，也没把她怎么样。

第二个小插曲和孙权有关。孙权在知道曹丕即将称帝的消息后，担忧地问手下的群臣："曹丕以盛年即位，恐孤不能及之，诸卿以为如何？"孙权觉得曹丕正值壮年就当上了皇帝，自己的年纪大了，恐怕是赶不上他了，便想听听大臣们的意见。

孙权身边有个大臣叫阚泽，劝孙权道："不及十年，丕其没矣，大王勿忧也。"阚泽的意思是，曹丕这皇帝是当不过十年的，大王您不用为此担心。孙权听后，赶紧追问阚泽原因。阚泽解释道："以字言之，不十为丕，此其数也。"阚泽这里是把曹丕名字里的"丕"字拆开来解释了。"丕"字拆开可以看作是'不'和'十'两个字①，所以，这就是曹丕的命数，他坐在皇帝位子上的时间绝对不会超过十年。

曹丕手下的人想把曹丕推到皇帝的位子上，给他搞各种理论依据的时候，说的是曹丕的"丕"字是吉言。到了孙权这里，这个字又被解读成

① 汉代流行隶书字体，在写"丕"字时，通常会将中间的笔画"竖"写长，穿过最下面的横线，看起来就像"不"字加上"十"字。

了"不十"，变成了诅咒。当然，以现代人的观点来看，这两种说法都是忽悠人的，完全不靠谱。但令人哑口无言的是，阚泽说的曹丕当不过十年的皇帝，最后居然是正确的，因为曹丕只当了七年的皇帝就因病去世了。

山阳公刘协

曹丕着急进入皇帝角色，所以刚一上岗，便立刻签发了一大堆人事任免文件。其中，第一件事就是安置前朝皇帝刘协。对于这个退位皇帝，曹丕做了精心的安排。他把河内郡山阳县（今河南省焦作市）作为刘协的封地，并把山阳县升格成山阳公国，封刘协为山阳公，明确规定山阳公在自己的辖区里实行高度自治。此外，曹丕还允许刘协继续使用天子礼仪进行交际，上书汇报工作时不用称臣等。

为了表示诚意，曹丕还把刘协的两个女儿纳为妃子。对此，刘协没有表现出任何异议，接受了曹丕的安排。到了封地的山阳公不再过问政治，而是选择和他的夫人曹节一起当了医生，悬壶济世。

刘协夫妇是难得的好医生，除了对部分药材适当收费之外，其余的项目能免费就全部免费了。除了改善医疗条件，刘协还采取了赋税减半的政策。如果百姓愿意去开垦荒地的话，那么这个人往后三年的赋税都不用交了。

山阳当地关于刘协的传说很多，有一些风俗代代相传，流传至今。这里举几个在《焦作晚报》《话说焦作》等媒体中出现过的例子。

第一个风俗是有关称呼的。刘协被贬为山阳公后，老百姓按当地的风俗，改称刘协为"大人"，曹节为"美人"，简称"大"和"美"，并把二人尊为父母。慢慢地，当地人就把自己的父亲称为"大"（dà），母亲称为"美"（měi）了。

第二个风俗也是关于称呼的。刘协的老婆是曹节，曹节的老爸是曹操，所以刘协夫妇的孩子应该称曹操为外祖父，或者称呼他的官职魏公①。后来，焦作民间就效仿这种叫法，把外祖父称为魏公，外祖母称为魏婆。

第三个风俗与刘协夫妇的医生职业相关。刘协夫妇当年行医时，针灸、拔罐等都是不收费的，一些药材也可以赊欠，这些习惯被当地中医保留了下来，沿袭至今。所以，焦作当地的百姓对中医都格外敬重。

另外，焦作当地还有一个风俗，和我国其他地方都不太一样。大多数地方到了逢年过节，出嫁的女子总要携儿带女，和老公一起回娘家探亲，以报答父母的养育之恩。但是，在焦作民间，这种习俗颠倒了一下，流行的是娘去闺女家探亲。这个风俗的起源还是刘协夫妇，因为曹节和刘协一起被曹丕软禁在了山阳城，不能随便外出。所以，每到逢年过节，卞太后想自己这个闺女了，就会亲自从洛阳跑到山阳国去探望曹节。于是，在端午节、中秋节时，当地就盛行娘去闺女家探亲，并且流传至今。

刘协的一生是坎坷的：当初亲娘王美人要把他打掉，结果他命大，还是来到了人间。然后，刘协经历了董卓之乱，经历了李傕、郭汜的动乱，又经历了诸侯争雄。刘协被人狠狠地拿捏了半辈子，当皇帝时一直都在当傀儡。

虽然刘协的皇帝之路不顺，但他还是很有才华的。《后汉书》的作者

---

① 曹节于建安十八年（213）嫁给刘协，时其父曹操为魏公，故有此称呼。

范晔对刘协的评价是："天厌汉德久矣，山阳其何诛焉！""献生不辰，身播国屯。终我四百，永作虞宾。"

魏青龙二年（234），刘协因病去世，享年五十四岁。当时曹操的孙子、魏明帝曹叡亲自带领队伍前去哭丧，并以孝献皇帝作为他的谥号。"献"是聪明睿智的意思，这个谥号也算是代表了当时人们对汉献帝的较为统一的意见。汉献帝刘协不管是位处庙堂之高，还是身处江湖之远，都能真心实意地为老百姓做好事，这样的人确实让人钦佩。

第二章
曹丕治魏

九品中正制的推行

　　加上为魏王的日子，曹丕在位的时间不算长，活的年龄不算大，客观来说，他并不擅长军事，但在政治上却很有作为。比如，曹丕大胆地进行了官制的改革，推行了对后世影响极其深远的九品中正制。

　　汉朝的人才选拔实行的是察举制，到了隋唐时执行的是科举制。相比而言，科举制显然要比察举制更加科学和客观。事实上，科举制最早出现在汉顺帝时期。当时的尚书令叫左雄，他认为，用考试的制度比察举的制度要靠谱得多。到了东汉末年，这种本来比较先进的考试制度基本上形同虚设，而察举制越演越烈，世家大族已经垄断了当官的门路。这样一来，人才的选拔面就窄了很多，很多有水平的普通人也被埋没了。

　　曹操是位有着雄才伟略的政治家，他一眼就看出察举制的毛病。于是，在曹操治理期间，他推出了唯才是举的政策，具体来说就是，只要有才，你就可以当官，其他如品行、道德等方面的瑕疵都不是问题。这种想法和做法拿到现在来看都属于比较前卫的，何况是在当时。果不其然，曹丕成为魏王后，反对唯才是举政策的人立刻跳了出来，代表人物就是陈群。他为曹丕进献了一份礼物，这份礼物就是九品中正制。

九品中正制，也叫九品官人法，简单来说，就是选择品行端正、善于识人的朝廷大员到地方上担任中正官。这个中正官既要立场中立，也要处事公正，实际上相当于评委。中正官的任务是考察州郡的人才，综合德、才、门第，定出九个品级，也就是上上、上中、上下、中上、中中、中下、下上、下中、下下，然后给出自己的鉴定意见，上交给吏部作为选官的参考。

九品中正制的初衷是既考察人的品德、才能，又考虑到世家大族的门第，但在执行过程中却变了味。实际上，中正官的意见几乎就等于是最后的决定意见，吏部很难再派另外一个人去重新考察一次。当然，这种选官制度在当时也确实是无奈之举。

问题是，那些德高望重的官员的推荐就一定靠谱吗？不一定。九品中正制始终是推荐制度，虽然对比察举制来说有了一些进步，但还不那么公平。察举制发展到后来，当官成为世家大族的专利，而九品中正制只是继承了这种传统，并且把它制度化了而已。

魏建立初期，皇帝基本上都是励精图治的，政治也比较清廉。当时在九品中正制的制度下，中正官考察出来的人才，绝大多数确实都是有真才实学的。可是到西晋的时候，九品中正制就完全变味了，又变成了彻头彻尾的"拼爹"。这不能说是九品中正制的错，也不能说是曹丕的错，甚至也不是陈群的错，这是一种必然会发生的情况，因为九品中正制从骨子里来说和察举制没有太大的区别。

与文官不同，武将倒有不少是从布衣百姓，甚至是土匪中出来的。武将大多靠的是武力，只要四肢发达，就有机会上前线冲锋陷阵；只要不怕死，就有机会杀敌立功，就会得到提拔。文人就不一样了，这种智慧不是靠打仗打出来的，而是靠教育培养出来的。

世家大族们有钱、有权，可以给自己的子弟提供更好的生存和发展空间，所以世家子弟长大以后的出路要比那些寒门子弟宽广得多。虽然察举制、唯才是举制、九品中正制被推出的初衷都是为了选拔人才，但因为受教育的环境不同，最后能选的人才基本都来自世家子弟。

在这种大环境下，曹丕明白，选拔人才必须要参照一定的标准，进行量化操作。九品中正制无疑是当时相对较好的量化标准，按这个标准选出的人才一目了然，在当时来说也不会出太大的错。

后世的专家对九品中正制的争议非常大。有种观点认为，曹丕必须依靠陈群等世家大族才能登上皇位，所以他必须接受九品中正制。但这种观点的前提就错了，曹丕要当皇帝，条件是非常成熟的。精锐的部队都在曹家、夏侯家手里捏着，就算陈群等世家大族不支持，曹丕一样也能当上皇帝。他最后选择听从陈群的建议，实行九品中正制，仅仅是因为当时有规范化选拔人才的需要，而且这也是治理国家的需要。

在这里，需要特别说明的是，曹丕虽然推行九品中正制，但不等于废除了察举制。曹丕在位时，曾多次发布诏令，让地方向中央推举人才，比如孝廉，而且可以不受名额的限制。

此外，在曹丕执政期间，他还恢复了太学，设立了五经考试制度。注意，五经考试制度并不是科举制度，而是给读书人指出的一条当官的捷径。

这样一来，魏国就等于有了三种制度：九品中正制、察举制和太学考试，三管齐下，多层次为曹魏选拔人才。从这一点来说，曹丕确实可以算是一位比较优秀的政治家了。

善于纳谏的曹丕

曹丕称帝以后，并没有把许昌作为自己的首都。许昌是汉朝的亡国之地，必须远离。所以，他把新的首都定在了洛阳。定完首都以后，曹丕决定从冀州把十万户士兵的家属都迁到洛阳及其周边地区，以充实当地的人口。

当时北方大旱，正在闹蝗灾，到处都是饥民，个个都饿得走不动路，异地安置的做法很有可能会惹出乱子来。大臣们都不赞成曹丕的这个政策，可是曹丕仍然坚持自己的想法。这时，一个人挺身而出了，他就是侍中辛毗。辛毗带上了一帮人去找曹丕。

曹丕知道他们要来劝谏，便故意板起脸等着。大家见到曹丕后，发现曹丕的脸色只代表两个字——杀人，一下子腿都软了，吓得不敢出声。可辛毗一点都不害怕，他大声地对曹丕说道："陛下欲徙士家，其计安出？"辛毗想知道曹丕想把那些部队家属都迁到洛阳来，有什么合理的理由。曹丕一听，仗着自己是领导，大声问道："卿谓我徙之非邪？"这话的意思是，你认为我的这个做法不对吗？没想到辛毗的态度比铁还硬，他一句话就怼回去了："诚以为非也。"

曹丕一听就生气了，但由于辛毗是朝中的元老，又是父亲曹操时代的功臣，所以不敢对他发脾气，便把脸一扭："吾不与卿议也。"就想把这件事糊弄过去。可是，辛毗一点都不肯让步："陛下不以臣不肖，置之左右，厕之谋议之官，安能不与臣议邪！臣所言非私也，乃社稷之虑也，安得怒臣！"辛毗这话说得铿锵有力，陛下把我安排在身边，就是让我来做参谋的，您怎么能不与我讨论呢？我现在所说的并不是个人的私事，而是对国家社稷大事的考虑。您有什么理由对我生气呢？

曹丕一听这话，更加生气了，站起来走进了内殿。没想到辛毗胆子大得要命，冲上前去一把扯住了曹丕的衣角。曹丕挣扎着想让辛毗放手，偏偏又挣不开。双方拉拉扯扯了好久，最后，还是曹丕先清醒服软了，又回到了外殿，叹了口气，说道："佐治①，卿持我何太急邪！"意思是，辛佐治，你为什么这么着急地把我挟持住啊！

辛毗回道："今徙，既失民心，又无以食也，故臣不敢不力争。"见曹丕发问了，辛毗更加坚定地表达了自己的看法，现在迁徙民众，不仅会失掉民心，而且也不能有效解决缺粮的问题，所以我不得不力争。曹丕见辛毗态度如此坚决，仔细想了想，便听从了辛毗的建议，收回了原有的政策，最后只迁了五万户过来。

从上面这件事可以看出，辛毗作为一名老臣，对曹丕的劝谏很强势，也很坚持。除了上面迁民这件事外，辛毗还对曹丕的一个爱好提出过明确的批评。

曹丕这辈子打仗的次数并不多，但是打猎的次数相当多，当了皇帝以后仍然不断地去打猎。有一回，曹丕带着人去打野鸡，那一天他很高兴，一边射野鸡一边对大家说："射雉乐哉！"其他的人自然跟着一起附和曹丕。偏偏辛毗超级不爽，挤出一句："于陛下甚乐，于群下甚苦。"辛毗这是在发牢骚，打猎这件事对陛下来说的确很开心，但对于我们这些

---

① 辛毗字佐治。

臣子来说就是苦差事了。曹丕想了想，认同地点了点头。之后，曹丕就收敛了很多，不再经常出来搞专项的打猎活动了。

曹丕刚当上皇帝没多久，辛毗为了让他不出错、不跑偏，真算得上是用心良苦了。

曹魏的官制改革

三国时期的官制，蜀国、吴国和东汉基本是相同的，魏国就跟它们很不一样了，原因就在于魏国进行了官制改革。

魏国为什么要进行官制改革呢？这就要从它的实际创始人曹操说起了。曹操生前有很多个官衔，比如太尉、司空、大将军、丞相等。但是，很少有人称呼曹操为曹司空、曹太尉、曹大将军，叫得最多的是曹丞相。曹操自己最中意的也是丞相。为什么会出现这种情况呢？这主要跟当时的官制有关。

西汉的时候，官制承袭秦朝，丞相这个职位被保留了下来。丞相旁边还有太尉、御史大夫，三者相互制约。东汉的时候，丞相干脆退出了百官的行列。直到建安十三年（208），曹操恢复了丞相制度，并自任丞相。到了曹操这里，丞相府简直算得上中央政府了，主要可以表现为以下两点。

第一，对军队进行集中管理。军队是权力的集中体现，当时控制禁军的将军主要是中领军、中护军、领军将军和护军将军，这些官是丞相府的属官。负责对外作战的是四征将军，他们同样也是丞相府的属官。所以，军权最后都在丞相一个人手中掌握着。

第二，对政令集中发布管理。尚书台从西汉开始就是内朝官，对皇帝负责。东汉时，朝廷的政令也出于尚书台。到了曹操这里，他索性把尚书台改制到了丞相府，办公地点也从内朝改到外朝。尚书台到了丞相府以后，就开始分曹行事。这个"曹"是指官位，包括东曹、西曹、法曹等，这些官统统都是丞相府的属官。这种官制的架构和布置，其实就是三省六部制的前身。

一句话，曹操身为丞相的权力相当于西汉时代三公权力的总和，也相当于东汉时代的三公加大将军，再加尚书台权力的总和。这种体制在曹操的年代运作得很好，可是到曹丕这里就变得不对了。因为曹丕很快就当上了皇帝，不再是丞相了，他不可能也不需要再容忍这样一个强权官位存在。所以，官制改革势在必行。

曹魏前期没有设丞相。在曹丕的手下，司徒、太尉、司空这些职位倒还是存在的，待遇不变，依然享受总理级别的福利，但已经没有实权，而且清闲得要命，每个月上班的时间只有一两天。这样，总理级别的三公都被架空，成了没有权的闲人。国家所有的权力毫无疑问地都集中到了皇帝曹丕的手上。

当然，曹丕只有一双手，不可能亲自去处理所有事情。于是，他改革了尚书台制，把其中一些曹的职能单列出来，形成平等的机构。同时，把秘书令改为中书令，又设置了新机构——中书省，把决策，包括起草国家文件、皇帝诏书这一类原本由尚书台完成的工作，都交给中书省去完成。

之后，曹丕决定让尚书台做执行工作。尚书台下面还分了几个不同的部门，部门的名称依然是曹，比如吏部曹，是专门管人事的；左民曹，管的是民政；客曹，管的是外交；五兵曹，管的是军队；度支曹，管的是财政。也就是说，尚书台相当于是国家的最高行政机关。

当然，还有一个很重要的部门——御史台。这个机构已经从少府里独立出来，负责的是监察工作。

这样，就相当于把权力从尚书台一家机构平分到了三家机构上，实现了决策、执行、监察的三权分立。三家机构各司其职，运转良好，提高了魏国的行政效率。

曹丕在魏国的官制改革基本上是成功的，经过后继者们不断的改革和完善，到隋朝时，终于形成了对后代影响深远的三省六部制。

曹魏的特务机构

曹丕当上皇帝以后，花了很多力气去搞政治改革，其中的一项改革是比较隐秘的，涉及魏国的政治特色——特务机构。

要知道，曹操的疑心病是天下闻名的。在他眼里，看谁都像敌特分子，都必须好好监视起来。于是，校事应运而生了。校事的官位虽然不大，权力却不小，承担了匡正和提醒大臣的任务。从这个角度看，明朝时的东厂、锦衣卫等，应该把校事称为他们的祖师爷。

身边多了这么多的眼睛，大臣们可就苦了。不管是上班还是下班，老是觉得身后有人在一直盯着自己。这些特务虽然很厉害，但还真的有人敢对他们说不，这个人就是高柔。

高柔，字文惠，陈留圉（今河南省杞县南）人。他是袁绍的亲戚，高干的族弟，后来成了魏国的五朝元老。当初曹操平定北方的时候，高柔跟着高干一起投降曹操，成为菅县县长。曹操的疑心病很重，总是觉得高柔不太可靠，就总想找个理由把他杀了。当时，曹操给了高柔一个职务，叫刺奸令史。其实这种工作最难做了，尤其是还要做到公平、公正、公开。高柔接受了这个挑战，后来居然真的做到了"处法允当，狱无留滞"。连一向十分挑剔的曹操也没能抓住高柔的把柄，由此对他改观，让他到丞相府上班，辟他为丞相仓曹属。

魏国建立以后，高柔先后任尚书郎、丞相理曹掾、颍川太守、丞相法曹掾。就任丞相法曹掾后，高柔就校事制度向曹操进言："设官分职，各有所司。今置校事，既非居上信下之旨。又达等数以憎爱擅作威福，宜检治之。"这话的意思是，朝廷按照职责设置官员，就是让他们各司其职。现在设置校事这个官位，既不符合居上位者信任臣下的准则，又会让赵达等人完全以个人喜好憎恶为标准作威作福，您应该约束、治理这种行为。

曹操耐着性子听完了高柔的话，慢悠悠地答复高柔道："卿知达等，恐不如吾也。要能刺举而辨众事，使贤人君子为之，则不能也。昔叔孙通用群盗，良有以也。"曹操的意思很明确，那就是高柔你对赵达等人的了解恐怕不如我。刺探、检举这种工作，正人君子是做不来的。我用赵达等人做校事，跟叔孙通用群盗是一样的道理。

虽然曹操这次没有听高柔的劝谏，但当赵达等人违法牟利的事情被发觉后，曹操还是杀了他们，并且向高柔道歉。当然，道歉归道歉，曹操并没有因此解散校事这个特务组织。

曹操喜欢搞特务政治，曹丕也不例外，他继承了父辈的传统，重用校事。实际上，校事在当时已经成为魏国的第二警察机构了。当时很多人报案、告状，都不去找司法部门，而是直接找校事解决。因为校事直接和皇帝对接，办起事来效率更高。

当时有个校事叫刘慈，在曹丕当皇帝的最初几年，他和他的同事一起刺探的案件居然数以万计。高柔原本就特别讨厌这些特务，现在看到刘慈办案这么凶猛，估计其中必定有不少的冤假错案，奏请曹丕对这些案件进行复查。

老实说，曹丕时代的社会风气确实不太好。不仅是因为太多的特务搞得人心惶惶，而且还因为曹丕实行了奖赏举报者的告密制度。对此，高柔深为痛心，上表提议取消告密制度。这本来是件好事，但曹丕没有立即采纳。结果，相互诽谤的人反而越来越多。大家的举证都是看上去言之凿凿，实际上则是乱咬一气。

曹丕看到这种情况，又下了一道诏书。诏书规定，除了谋逆大罪可以相互揭发检举之外，其余的一般案件统统不予受理。胆敢任意诬告他人的，按诬告罪惩办。这样一来，去告状的人就得掂量一下了。如果告不成，告别人什么罪，那个罪就变成自己的罪了。这一招算是釜底抽薪，彻底制止住了这股诬告他人的歪风邪气。

加强集权统治

曹丕的头脑一直很清醒，他深刻总结了东汉灭亡的根本原因，那就是宦官和外戚轮流执政，祸害国家。宦官没有后代，其执政的主要目的，是在短期内为自己及自己所在的集团牟取更大的利益；但外戚不一样，外戚的主要目的，是希望权力能天长地久地在自己的家族中流传下去。为了防止这种悲剧在自己手中重演，曹丕当了皇帝以后，特别制定了一系列的针对性措施。

对于那些可有可无的宦官，曹丕基本就废弃不用了。对于后宫里那些不得不用的宦官，曹丕的管束也是非常严格的。在继位之初，他就规定宦官不得干涉政事，宦官担任的最高职务不能超过署令。这条政策的核心，拿现在来说，就是宦官能担任的最高职务，只能类似于县处级干部。曹丕的这条政策被严格地、一丝不苟地执行了。在整个曹魏帝国存续期间，宦官们一直被这条法令死死绑住了手脚。

处理完宦官，曹丕就要处理外戚了。外戚虽然是皇帝的亲戚，但是曹丕处理起来同样没有手软。即位两年后，魏黄初三年（222）九月，曹丕特别下令，禁止妇人参与政治，同时禁止大臣向太后汇报工作。所有的外戚都不能担当辅政的重任，没有特别功勋的也不能被封为侯爵。这样的处理方式从根本上废了外戚集团的"武功"，所以在整个曹魏帝国的存续期内，外戚也被看得死死的。

宦官、外戚都被盯死了，政治制度又做了一些积极的改革，魏国的政治气象焕然一新。曹丕处理完这两个大的隐患，又把目光放到了宗室身上。宗室这些人都和自己有血脉关系，怎么处理他们可是个大问题。实际上，曹丕这一点也做得非常不错。他把自己的兄弟们都封侯、封王，同时规定这些王侯虽然有自己的封地，但是没有权力，只享受赋税。换个角度讲，兄弟皆封王侯，表面上风光，实际上他们在政治方面都被捆得死死的。

曹丕作为曹魏帝国的首任皇帝，必须通过一切手段，消除一切可能危及政权稳定的不安定因素，为子孙后代创造一个良好的政治环境。现在，宦官被限制住了，外戚被限制住了，宗室也被限制住了，权力就在曹丕这一脉手里紧紧地攥着。从这个角度讲，曹丕确实很精明。不过，曹丕万万没想到，魏国的国运相当短。之所以出现这种情况，只因为曹丕千算万算，算漏了一个重要的集团。这个集团就是权臣集团。

为什么是权臣集团呢？原因很简单。权力的蛋糕就这么大，宦官没有了，外戚没有了，宗室也没有了，能分到的人就只剩下皇帝和他手下的大臣了。如果皇帝强势一些，能掌控全局，权臣即便存在，也只会成为皇帝的好帮手。如果皇帝稚嫩一些，或者是个糊涂蛋，那么这块权力的蛋糕就只能留给权臣去享用了。

魏国权臣中的典型代表就是司马懿。客观来说，曹丕没有防住司马懿是有原因的。曹丕能当上皇帝，司马懿帮了不少忙，曹丕不是一个卸磨杀驴的人，自然不会对司马懿动手。但曹丕没想到的是，司马懿及其后代正是日后曹魏政权的掘墓人。当然，目前的司马懿并没有这种想法，对曹丕还是一片忠心的。

对于忠心的人，曹丕当然不能搞清算了。他要清算的是那些对自己不忠的人，比如他的好弟弟曹植。

七步诗与曹植的结局

在曹丕看来，最危险的敌人不是孙权或刘备，而是他的亲弟弟曹植。曹植虽然在竞争中落败了，但今后还有可能成为威胁。曹丕当然不想自己这位讨厌的弟弟活着，但杀人是个技术活。曹丕想了很久，终于想到了一个绝妙的办法。

刚刚坐稳魏王位子的曹丕把曹植、曹彰都遣回了封地，让他们在那里安心生活，暗地里开始着手整理他们的"黑材料"。眼看着大哥当了魏王，曹植也就死心了，开始全面恢复了诗人的颓废生活，别的事一概不理。

　　如果曹丕是个宽容大度的人，肯定就会放过曹植了。可问题是曹丕不是一个大度的人，他前脚刚把曹植打发回封地，后脚就把曹植智囊团里面的丁氏兄弟抓起来杀死了，连丁家的男人也被统统杀光。

　　丁家兄弟是曹植争夺太子之位时的重要帮手，而且之前太子之争时，正是因为丁仪的举报，曹丕这边的谋士被他陷害下去了好几个。所以，在曹丕当上魏王之后，一直想找借口解决掉丁家兄弟。

　　虽然曹丕很想杀了丁仪，但却不想给人留下滥杀无辜的印象。所以，曹丕想了一个和曹操当年处理高柔时差不多的办法，就是让丁仪去做右刺奸掾。右刺奸掾的职责是抓特务，做这种事很容易被抓到把柄。只要丁仪犯一点小错，曹丕就可以借机除掉他了。

　　曹丕的主意不错，果然丁仪很快就被抓到了把柄。曹丕希望丁仪最好识相一点，能够自裁。但显然，丁仪不是一个自觉性很强的人，他一直不肯采取实际行动。史料记载的原文是，"欲仪自裁而仪不能"。丁仪知道自己的处境很危险，他哀求夏侯尚出面为自己求情。夏侯尚当然知道其中的利害关系，也小心翼翼地尝试过，但是结果并不乐观。到这个时候，丁仪才后悔不已。

　　丁仪的弟弟丁廙，在当初帮曹植争夺太子之位的时候也出了不少主意。于是，借着丁仪工作犯错这件事，曹丕把丁家兄弟一起关进了监狱，并处死了他们。

处理完曹植的智囊团成员后，曹丕就打算对曹植本人下手了。这期间，又发生了一件事，更加坚定了曹丕对曹植下手的决心。

曹丕在称帝后，听说了这么一件事。曹植在知道哥哥曹丕废汉自立后，竟然和苏则一块儿穿上素服为汉朝悲哀哭泣。曹丕对此自然十分生气，对曹植的厌恶又增加了几分。

黄初二年（221），曹植的手下监国谒者灌均写了封举报信投到曹丕那儿。① 举报信的内容是："临菑侯植醉酒悖慢，劫胁使者。"灌均的意思是，曹植酒后叛逆傲慢，要挟使者。接到信后，相关部门的官员请求治曹植的罪。曹丕虽然也想狠狠地教训一下弟弟，但看在老妈卞太后的面子上，只是把弟弟贬为了安乡侯。

关于这件事的记载，《三国志》上只有寥寥几行。当然，陈寿有为尊者讳的可能。不过，《世说新语》却记载了一个《七步诗》的故事。

当时，怒气冲冲的哥哥曹丕把曹植叫过来，要求曹植在七步之内作成一首诗，如果作不出来，就要大刑伺候。

可能曹丕觉得如此高的条件，一般正常人在那么短的时间里都是作不出来的，到那时再杀曹植，谁都没话说了。可是曹丕忘记了，他这个弟弟的专长就是即兴发挥。想当初铜雀台刚刚落成，当中即兴发挥写得最好的就是曹植。曹操出征的时候，站在马前即兴为父亲赋诗的也是曹植。

结果，曹丕那边刚提完要求，曹植这边悲从中来，当场就脱口而出："煮豆持作羹，漉菽以为汁。萁在釜下燃，豆在釜中泣。本自同根生，相煎何太急？"这首诗的意思很明白，哥哥你和我本就是亲兄弟，何

---

① 据《资治通鉴·魏纪一》的记载，灌均举报曹植的时间是 220 年。

必如此苦苦相逼？这首诗就是在后世赫赫有名的《七步诗》。

当然，《七步诗》在后世是有争议的，争议的原因是被认为权威的六句来自《世说新语》。很多人认为《世说新语》不是正史，所以怀疑这个故事的真实性。再者，黄初二年（221）时，曹植还没有封王。这则故事却是"文帝尝令东阿王七步中作诗"，时间也对不上。曹植徙封东阿王是在太和三年（229），那时曹丕早已去世了。

不过，无论如何，这个故事的结局也是曹丕放过了曹植。只是从此以后，曹植过上了处处受限制、受打压的生活。哥哥曹丕开恩封给他的安乡侯，封邑只有八百户。曹植差一点儿就成了魏国的太子，现在才拿到区区八百户的封地……不过，安乡侯的位置他也没做多久。就在同年稍晚一些时候，他又被改封为鄄城侯，从冀州调任到了青州。就在这一年，曹植写下了著名诗篇《野田黄雀行》。他通过黄雀投罗网的比喻，表达了自己在强权面前的无力，也抒发了自己的理想和反抗的情绪。

到了第二年，即黄初三年（222）四月，时年三十一岁的曹植被封为鄄城王，封邑两千五百户。在受封后返回封地鄄城途中，他路过洛水，写下了赫赫有名的《洛神赋》。在作品中，曹植刻画了一位美丽多情的女神形象，作为自己美好理想的象征，寄托了他对理想的仰慕之心。文中还虚构了曹植向洛神求爱的故事，表明了他对于理想的渴望和追求，通过对女神求爱失败，表现出自己追求理想最终破灭的残酷现实。

有人说，《洛神赋》的主角是曹植的嫂子、曹丕的老婆甄氏，但这只是表面的想法。通过这个女神，曹植表达的其实是自己强烈的反抗精神和对理想的追求。

对于曹植，除了不让其在政治上有所作为外，曹丕后期还是比较照顾他的。究其原因，一来，可能是心中愧疚；二来，自己的权力、位置已经稳固，也就没必要再赶尽杀绝了。黄初六年（225），曹丕南征归来，经过雍丘时还专门与曹植见了一面，并给他的封邑增加了五百户。

黄初七年（226），曹丕病逝，他的儿子曹叡即位，这就是后来的魏明帝。壮心不已的曹植急切渴望自己的才能能够得以施展，多次慷慨激昂地上书曹叡，要求在政治上给予任用。要知道，曹叡虽然年纪不大，但比老爸曹丕更加冷静和理智。对于叔叔的种种表白和要求，曹叡只是口头上给予嘉许而已。曹叡对曹植依然是严加防范的，所以曹植的处境到后来并没有得到好转。

抱负得不到施展，曹植终日郁郁寡欢，后来，他开始潜心著作，研究儒家经典了。太和六年（232），曹植被改封为陈王。就在这一年的十一月，曹植在忧郁当中病逝了，年仅四十一岁。遵照他的遗愿，他的遗体被安葬于东阿的鱼山，后人称他为陈王或是陈思王。

在政治上，曹植是悲剧；在文学上，他却闪耀着夺目的光芒。一百多年后，有一次，南朝著名的山水诗人谢灵运一边喝酒一边自夸："魏晋以来，天下的文学之才共有一石，其中曹子建独占八斗，我得一斗，天下其他的人共分一斗。"这里的曹子建就是指曹植。从这段话可以看出，谢灵运对曹植是相当佩服的。到了后世，这个故事演变成了一个成语——才高八斗。此外，在中国古代文学史上，人们习惯性地将曹操与曹植、曹丕合称为"三曹"。不管曹植生前过得有多郁闷，但能在文学中不朽，曹植也算是此生足矣了。

第三章

刘备伐吴

刘备称帝

发生于建安二十四年（219）的襄樊战役让孙刘联盟彻底破产，也让孙权彻底投入了曹操的怀抱，而刘备集团成了最大的输家。地盘没了，兵败将亡，如果不报复，刘备实在是咽不下这口气。更为重要的是，如果不收复荆州失地，诸葛亮"隆中对"的战略就会完全落空。光一个益州能有多大作为呢？不行，必须得教训一下孙权这个不知好歹的小子！不过，在和孙权开战之前，刘备还有更为重要的事情要做。

因为，在黄初二年（221），从北方传来了消息，曹操的儿子曹丕已经当上了皇帝，改元黄初。与此同时，一个小道消息也疯传过来，内容就一条：大汉天子刘协已经被曹丕杀了。

其实，刘备很早就想当皇帝了，而且心急得要命。他现在已经六十多岁，可能哪天突然就呜呼哀哉了。好不容易等到曹丕废汉自立，刘备也就有了当皇帝的充分理由。可即便这样，刘备仍然有所顾忌，因为如果刘协人还活着，刘备就得继续奉刘协为大汉的皇帝。只有刘协死了，刘备称帝才能"名正言顺"。

现在刘协被曹丕害死的小道消息传来，正中刘备的心意。于是，刘备这边的文武百官穿上孝服，隆重地为刘协开了追悼会，还给刘协加了个"孝愍皇帝"的谥号。"在国遭忧曰愍；在国逢艰曰愍；祸乱方作曰愍；使民悲伤曰愍；使民折伤曰愍；在国连忧曰愍；佐国逢难曰愍；危身奉上曰愍。"以这个谥号的含义来说，确实是给得非常恰当的。

既然孝愍皇帝已经驾崩，国不可一日无君，至于新的皇帝的人选，除了身为汉室宗亲的刘备，还能有谁呢？于是，大家纷纷表示，益州各地开始出现了祥瑞，请大王您务必顺应天时民意，及早称帝吧。在向刘备劝进的同时，博士许慈、议郎孟光等人已经把即位大典所需的相关流程准备完毕，就差刘备点头。

刘备集团在这件事上基本保持了高度一致，可益州前部司马费诗却发表了不同的看法。他向刘备上书道："殿下以曹操父子逼主篡位，故乃羁旅万里，纠合士众，将以讨贼。今大敌未克而先自立，恐人心疑惑。昔高祖与楚约，先破秦者王之。及屠咸阳，获子婴，犹怀推让。况今殿下未出门庭，便欲自立邪！愚臣诚不为殿下取也。"这话的大意是说，大王，[①]曹操父子一个逼迫天子，一个篡位，所以您才四处奔波，组织力量去讨伐曹贼。现在曹贼还没有被打倒，您就自己先称帝的话，恐怕会使得人心浮动。想当初汉高祖与楚怀王约定，先攻破秦国的人便可称王。等打下了咸阳，俘获了秦王子婴，汉高祖还推让了王位。而现在大王您还没跨出益州，便想要自己称皇帝，臣下认为，您还是不走这一步为好。

这份奏疏递上来后，刘备看得脸都黑了，下令把费诗调到偏远的永

---

① 建安二十四年（219），刘备进位汉中王。

昌郡去做从事了。刘备通过这种方式让其他人知道，在这件事上最好不要多嘴。

但有人就是不懂这个道理，又站出来提反对意见了，这个人就是尚书令刘巴。他认为如果只是在益州称帝，统治天下的话，那天下也太小了一点，称帝的事还是先缓一缓比较好。刘巴是诸葛亮认证过的聪明人，他发表了不同的看法，说明这件事本身确实是值得商榷的。而且，刘巴旁边还有一个不识趣的主簿雍茂也站出来赞同了他的看法。听完这两人的唠叨，刘备双手一摊，表示并非是自己要当这个皇帝，而是那些看清形势又了解我的人非要我当皇帝。面对刘备这么强硬的态度，刘巴和雍茂也无计可施了。

等他们一走，刘备的脸马上阴沉下来。因为刘巴比较有才，刘备不太舍得对他动手，只能把气都撒在了雍茂身上。刘备随便找了一个借口，就把雍茂处死了。雍茂的遭遇使刘巴彻底清醒了，他明白刘备称帝这件事已经无法改变，谁也不能阻挡住刘备迈向权力最高峰的脚步了。看到雍茂劝谏的下场后，其他人也都知趣地放弃了，再也没有人来刘备面前劝他不要当皇帝了。

但即使到了这个时候，刘备表面上还在坚持说，自己称帝只是为了方便扫除国贼，不能称尊号。诸葛亮是何等聪明的人，于是上来劝道："今曹氏篡汉，天下无主，大王刘氏苗族，绍世而起，今即帝位，乃其宜也。士大夫随大王久勤苦者，亦欲望尺寸之功如纯言耳。"诸葛亮的意思是，现在曹家篡夺了大汉的江山，天下无主。汉中王您是刘氏后人，现在即帝位是最为合适的。而且，大臣们长期追随着大王您，历经艰辛困苦，也是希望能像耿纯说的那样立下尺寸之功。刘备听完诸葛亮的劝谏，只能

"勉强"把这件事答应了下来。

黄初二年（221）四月初六，曹丕称帝后不久，刘备便在成都西北的武担山举行了登基大典。尚书令刘巴为刘备起草了登基时所需的各种文书，并当众宣读祭天祷文，祈求上天保佑汉家江山 ①，宣布皇帝的年号为章武。同时，刘备手下的群臣们也都得到了封赏，其中诸葛亮为丞相，许靖为司徒，张飞为车骑将军，领司隶校尉，西乡侯。

之后，刘备封续弦吴氏（偏将军吴懿的妹妹）为皇后，长子刘禅为太子。值得注意的是，刘备命刘禅娶张飞的女儿为太子妃。从这件事上看，刘备仍然把跟他起家的人当成最信得过的助手，同时，他希望张飞可以成为自己儿子的保护者。

刘备准备出兵伐吴

刘备当上了皇帝，心情着实愉快了好几天。可是没过多久，他又开始郁闷了，这个郁闷和关羽有关。刘备自从听了诸葛亮的"隆中对"之后，一直把战略目光放在荆州，然后又真的掌控了这个黄金地带，再之后又拿下了益州，几乎完全实现了"隆中对"提出的前期规划意图，因为拿下这两块地方是刘备统一全国的基础。哪知道自己还在益州忙活的时候，孙权却联合曹操，硬是杀死了关羽，把荆州抢走了。

为了能迅速夺回荆州，刘备也曾经想和曹氏集团联合起来，把孙权痛扁一顿。此前，刘备专门派过一个叫韩冉的人当全权代表，去参加曹操

---

① 虽然刘备定的国号是汉，表示自己的统治是大汉王朝的延续，但由于刘备政权身处益州（又称为蜀地），所以一般称其为蜀。

的追悼会。韩冉拿着刘备写给曹家的问候信，带着蜀锦等吊丧礼品直奔邺城。不过，他来到上庸后就称病不再前进了，只是打发人去邺城，把慰问信和一大堆的礼物送进了魏王宫。

年轻气盛的魏王曹丕自然是不吃这一套的。刘备这个家伙竟然趁着父王的葬礼来谋求交往，真是不要脸！上庸、邺城书信一来一往，不少时间就过去了。恰好，十月底曹丕废汉自立，韩冉就带着这个消息回去了。① 既然曹丕那边没有了合作的可能，刘备就只能自己去打孙权了。

章武元年（221）六月，在失去荆州一年半以后，刘备正式决定出兵东吴。要出兵打孙权，总要有个理由。关于这个，刘备早就考虑妥当了，那就是为好兄弟关羽报仇。刘备出兵的决定一出来，大家的反应相当激烈，总体上反对的多，赞同的少。出来反对最激烈的有两位，一个是赵云，另一个是秦宓。

赵云劝道："国贼，曹操，非孙权也。若先灭魏，则权自服。今操身虽毙，子丕篡盗，当因众心，早图关中，居河、渭上流以讨凶逆，关东义士必裹粮策马以迎王师。不应置魏，先与吴战。兵势一交，不得卒解，非策之上也。"赵云的意思很明确，那就是现在的国贼是曹操，而不是孙权。如果我们先灭了魏国，孙权就会自己投降。现在虽然曹操已经死了，但他的儿子曹丕篡夺了汉朝的皇位。我们应该趁着民心可用，向关中进军。从黄河、渭水的上游攻击逆贼，关东义士一定会群起响应。我们不应该放着魏国不管，而先与东吴交战。一旦两国开战，不可能太快结束，所以现在攻打东吴实在不是什么上策。

---

① 据《魏书》记载，韩冉最后是被曹丕指使的荆州刺史杀死了。

赵云反驳的理由很充分，群臣大多都赞同了赵云的看法。但是，对于赵云的谏言，刘备根本不打算理睬。新任皇帝的观点立场如此鲜明，大家也只好闭嘴了。

赵云是刘备喜欢的将领，如果因为这几句话就惩罚赵云，刘备还是下不了手的。但是，刘备的下不去手仅限于赵云。

对于另一个反对派秦宓，刘备是毫不客气的。秦宓觉得其他人是因为口才太差才没能说服刘备，就自己跑到刘备那儿，列举各种事实来证明伐吴必败，最后还明确地加了一句，"天时必无利。"意思是说，现在攻吴的天机不对，必然会导致出师不利。刘备耐心听完秦宓的话，之后大手一挥，把他关到牢里去了。

当然，也不是所有人都反对出兵伐吴，有一个人特别支持，这个人就是张飞。张飞和关羽从刘备起兵的时候开始，就已经是刘备的左右手了。三个人一路摸爬滚打到占据荆州和益州，是真正有难同当、有福同享的好兄弟。好兄弟被人杀了，怎么可以不帮他报仇呢？看到张飞这么支持自己，刘备当然高兴，很快就安排张飞和自己一同出发。

史料记载："先主伐吴，飞当率兵万人，自阆中会江州。"意思是说，张飞率领一万人的军队从阆中出发，打算和刘备在江州会合。但谁都没有想到，刘备伐吴的大业还没有开始，就先出现了意外。

张飞之死

刘备下定决心东征孙权后，留下诸葛亮辅佐太子刘禅守备成都，自己则亲自带领大军向东进发。

这个时候，他手下的大将并不多。根据史料记载，黄忠在建安二十五年（220）就已经去世了。虽然赵云的战斗力不错，还做了刘备多年的贴身牙门将，但问题是，之前刘备准备出征的时候，是他先跳出来劝阻东征的。要是把他带上，估计气氛会很尴尬。所以，刘备安排赵云作为后应部队都督军粮。马超一向身体不好，刘备这次也就没考虑他。

因此，这一次东征孙权，刘备手下几乎都是新人，只有一员老将，就是张飞。如果张飞能出马，也许这次刘备的东征会有不一样的结果，只可惜这一切只是如果。

和很多武将一样，张飞看到有文化的人就非常尊重，心生喜爱；看到没文化的人就极端鄙视，甚至会忍不住动手打人。不用想，张飞手下的士兵大多没什么文化，都是仗着四肢发达出来讨生活的。所以，张飞不太能体恤这些军士，只要心情不好，就会通过毒打身边的士兵来排解。

对此，刘备不止一次善意提醒自己这个兄弟："卿刑杀既过差，又日鞭挝健儿，而令在左右，此取祸之道也。"意思是说，老弟，你的脾气太过火爆，刑罚过严，杀人太多。而且，你殴打完士卒后，又把他们留在身边，这样做的后果很严重，是招灾的表现。

张飞听了很不高兴，但依然如故，坚持不改。史书上评价张飞的原话是"飞犹不悛"。所以，虽然刘备之前就劝过张飞几次，但是张飞根本没有改动的迹象，这也为他后来的命运埋下了伏笔。

这次，张飞终于要为自己的个性埋单了。刘备下达战争动员令后，安排张飞率领一万人从巴西郡的治所阆中出发，然后在巴郡治所江州（今重庆市）跟自己会师。但是，张飞部还没开拔，已经有人赶到刘备这里汇报，说张飞手下的都督有表要奏。

要知道，当时的等级制度非常森严，张飞手下的都督通常不允许越级向皇帝刘备汇报工作，特殊情况除外。这里的特殊情况一般分为两种：第一种，张飞叛变，逃了；第二种，张飞自己不能表奏，死了。对于张飞来说，背叛刘备这件事根本不可能发生，这一点刘备自己也很清楚，所以他立刻明白过来是张飞本人出事了。于是，他长叹一声："噫，飞死矣。"

刘备的反应让大家很惊诧，不是说害怕，而是觉得夸张。张将军前些日子不是还来成都，大声嚷嚷着要灭了那些江东鼠辈。而且，在宴席上他一直大碗喝酒，大块吃肉，看着身体健康得很。怎么可能说死就死了？

大家接过这个都督的表奏一看，就知道刘备一点都没猜错，张飞真的死了。张飞手下的两员裨将张达、范强趁张飞不备刺杀了他，并砍下他的头逃往了东吴。

张飞就这么突然地离开了人世。张飞最后的结局这么难看，真是应了那句话——"性格决定命运"。对于三国当中最猛的两员将领关羽和张飞，陈寿在《三国志·蜀书六·关张马黄赵传》中评价得十分准确："羽善待卒伍而骄于士大夫，飞爱敬君子而不恤小人。"这两位亲如兄弟的蜀国大将最后都因为性格上的缺陷丢了性命，关羽因为慢待士大夫而死，张飞因为不体恤士兵而死。被魏国谋臣程昱称为"万人之敌"的二人，恰巧都死在了名不见经传的小人物手里，甚至连全尸都没有留下。

关于张飞之死，还有一个传说。据《云阳县志》记载，张飞死后曾托梦给云阳当地的一个渔翁，说不久后会有两个小人把自己的头颅扔到江水里。于是，这个渔翁在江上打鱼时特别留意了一下，果真捞到了张飞的头颅。渔翁把张飞的头颅安葬于飞凤山麓，与云阳城隔江相望，并在此立庙纪念。张飞"头在云阳，身在阆中"的说法也由此而来。

张飞庙下，所有的传奇故事，一切的泪水和血水，都随着孤帆远影消逝于天际了。长坂断桥，当初那一声断喝，至此已成绝响。

孙权大战前向刘备求和

荆州丢了，关羽死了，张飞也死了，刘备复仇的愿望就更加强烈了。蜀章武元年（221）七月，刘备的大军正式出发，浩浩荡荡向东而下。关于这场大战，刘备方面的兵力人数史书上记载得并不详细，比较合理的推测应该是六万到八万人。东吴一方兵力稍微弱一点，应该在五万人左右。也就是说，从军事实力来对比，刘备还是占有一定优势的。

在襄樊之战后，孙权为了保证自己的战略优势，早在蜀章武元年（221）四月，就把荆州的治所从公安迁到了鄂城，并改名为武昌。武昌这个名字有两种解释：第一种是说东吴在这里驻扎了大量的军队，而且商贾云集，形成了集市，当地因武而昌，故名武昌；第二种是说孙权直接给这个地方命名武昌，意思是希望此地可以武运昌盛。

对于刘备的复仇行为，孙权多少还是有些心理准备的，而且他也努力和北方的曹家势力搞好外交关系。只是孙权没想到，刘备居然来得这么快，而且带来的队伍有这么多。

目前，周瑜、鲁肃、吕蒙均已去世，孙权暂时还没有发现能够独当一面的人才，他心里很紧张，自然就想到了求和。于是，孙权决定派使者到刘备那边去。

派谁过去好呢？孙权挑来挑去，最后挑中了诸葛瑾。很多人认为，诸葛瑾是不可能全心全意做刘备的思想工作的，而且他还有可能和刘备互通消息。原因很简单，诸葛瑾的弟弟诸葛亮是蜀国的首席智囊。孙权的判断和大家不一样，他说："孤与子瑜，有死生不易之誓，子瑜之不负孤，犹孤之不负子瑜也。"这话看起来很绕，但核心意思只有一个，那就是孙权和诸葛瑾之间有生死都不会轻易改变的誓言，他们不可能背叛彼此。

对于孙权的说法，大臣们仍然不相信。那些谣言传来传去，传到陆逊那里了。陆逊给孙权上书说："瑾必无此，宜有以散其意。"陆逊懂得孙权这话的意思，换成是他，也不相信诸葛瑾会做出那些出格的事来。可是谣言太疯狂了，所以陆逊建议孙权出来说几句话，解除一下大家的心结。

孙权看了，立刻给陆逊回信说："子瑜与孤从事积年，恩如骨肉，深相明究。其为人，非道不行，非义不言。玄德昔遣孔明至吴，孤尝语子瑜曰：'卿与孔明同产，且弟随兄，于义为顺，何以不留孔明？孔明若留从卿者，孤当以书解玄德，意自随人耳。'子瑜答孤言：'弟亮已失身于人。委质定分，义无二心。弟之不留，犹瑾之不往也。'其言足贯神明，今岂当有此乎！前得妄语文疏，即封示子瑜，并手笔与之。孤与子瑜可谓神交，非外言所间，知卿意至，辄封来表以示子瑜，使知卿意。"

孙权这段话很好地解释了他完全信任诸葛瑾的原因。孙权与诸葛瑾相处多年，就像亲兄弟一样，彼此早已经有了深入的了解。诸葛瑾绝不会做不合道德的事，也绝不会做不合礼义的事。以前刘备曾派诸葛亮来东吴，孙权问诸葛瑾能不能留下诸葛亮。当时诸葛瑾回答说诸葛亮已经在刘备那里做事，双方有了君臣的名分，按照礼义绝对不会再有二心，他自己也是如此。所以，诸葛瑾现在怎么可能做出那种事呢！

从孙权的这段话可以知道，诸葛瑾与他的关系相当好，而且他也确实很信任诸葛瑾。孙权以前收到举报诸葛瑾的信，都是立马封起来转给他，并亲自写上批语。孙权说他这次还是会和之前一样，把陆逊的这份奏表转给诸葛瑾查看。

了解到领导如此信任自己，诸葛瑾当然义不容辞了。于是，他立刻在孙权的授意下，给刘备写了一封信。信上说："陛下以关羽之亲，何如先帝？荆州大小，孰与海内？俱应仇疾，谁当先后？若审此数，易于反掌矣。"这封信的意思是，陛下您认为关羽跟您关系亲近，但是他怎么比得过先帝①呢？荆州一处的地盘怎么比得上全国呢？现在曹魏和东吴都是您的仇敌，但事情总有先后，如果您能认真思考比较一下，很容易就能得出结论了。

虽然诸葛瑾说得不无道理，但正在气头上的刘备根本听不进去。而且，孙权这边是主动过来求和的，却根本看不出来有什么诚意，也不提任何谈判条件，比如领土怎么划分，责任人怎么处理等。平白无故地让人退兵，谁会答应呢？

这边诸葛瑾没能完成任务，只好回到了东吴。那边刘备继续率军，挥师东进。眼见刘备气势汹汹前来，孙权原本打算祸水北引的企图算是彻底落空了。

孙权诈降

虽然孙权主动向刘备求和，但实际上他既不怕刘备，也不怕曹丕，

---

① 先帝，在这里是指汉献帝刘协。当时讹传他被曹丕杀死了。实际上，刘协直到魏青龙二年（234）才去世。

他最担心的是自己陷入两线作战的困境。如果真遇到这种困境的话，当年关羽被两面夹攻，最后败走麦城的悲剧很有可能会出现在自己身上。因此，在向刘备求和失败后，孙权的当务之急就是先稳住北方的曹丕。于是，孙权一方面以陆逊为大都督，命其带兵堵住刘备前进的道路；另一方面，则低眉顺眼地向曹丕俯首称臣。

这种行为算不算投降呢？这是值得商榷的。如果非要用"投降"这两个字的话，那也是诈降，或者说孙权是在作秀。事实上，他根本就没想过真心投降魏国，只是想为自己找一个暂时的避风港。也正是因为他心中有鬼，所以即便是称臣了，孙权也始终没有去洛阳面见过曹丕。

这边孙权的小算盘拨得噼里啪啦直响，那边的曹丕也一直没闲着。在东吴的使者还没有到来之前，曹丕就已经召开过关于吴蜀关系的专题研究会，主题是刘备会不会出兵攻打孙权，为关羽报仇。大家都说不会，理由是刘备就是一个小国头目，手下名将只剩关羽一人。现在关羽已死，士卒伤亡严重，蜀国国内百姓惊惧交加，根本没有起兵反抗的力量。

只有刘晔站出来表示他有不同的意见。他说："蜀虽狭弱，而备之谋欲以威武自强，势必用众以示有余。且关羽与备，义为君臣，恩犹父子。羽死，不能为兴军报敌，于终始之分不足矣。"刘晔觉得，蜀国虽然地方小，人口不多，但刘备依然想用武力来展示自己的形象，让众人以为他的力量强大到还有剩余。况且，关羽与刘备的关系虽然名义上是君臣，但实际却恩同父子。现在关羽死了，如果刘备不带兵出来为他报仇，于情于理都说不过去。所以，刘晔的观点很明确，那就是刘备和孙权之间的对抗是绝对避免不了的。

果然，过了没多久，魏黄初二年（221，蜀章武元年）八月，南方的消息传来，大家才发现刘晔说得真准。就在这个节骨眼儿上，孙权派使者去洛阳，向曹丕称臣，还把当年被关羽俘虏的于禁等人送了回去。对此，朝臣们纷纷向曹丕表示了祝贺。

这时，刘晔又站出来给大家泼冷水了，他一针见血地指出："权无故求降，必内有急。权前袭杀关羽，刘备必大兴师伐之。外有强寇，众心不安，又恐中国往乘其衅，故委地求降，一以却中国之兵，二假中国之援，以强其众而疑敌人耳。天下三分，中国十有其八。吴、蜀各保一州，阻山依水，有急相救，此小国之利也。今还自相攻，天亡之也，宜大兴师，径渡江袭之。蜀攻其外，我袭其内，吴之亡不出旬月矣。吴亡则蜀孤，若割吴之半以与蜀，蜀固不能久存，况蜀得其外，我得其内乎！"

刘晔这是在警告大家，不要被孙权投降的表面现象冲昏了头脑。孙权无缘无故地主动求降，绝对是他那里出现了紧急状况。孙权此前杀掉了关羽，刘备必定会率领大军大力讨伐他。孙权现在外有强敌，国内人心惶惶，又担心我们趁机去踢他一脚，这才主动来向我们投降。现在天下三分，我们占了十分之八，吴、蜀只是各占一州。他们之前凭着地势和江水，在遇到危难的时候互相帮助，才确保住了本国的利益。现在吴、蜀开始相互攻击，这不是自取灭亡吗？我们必须抓住这个千载难逢的大好机遇，组织力量进行全国总动员，配合刘备打过长江，占领东吴。孙权再怎么厉害，也顶不住两家齐攻，不出一个月，东吴肯定会灭亡。东吴一灭，蜀国就独木难支了。即使让蜀国得到东吴的部分地方，它也不可能长久。何况蜀国得到的只会是东吴的偏远地区，而我们魏国得到的会是东吴的内地部分呢！

不得不承认，刘晔对目前形势的分析非常有见地。如果曹丕采用了，孙权可能这次就真的完蛋了。令人奇怪的是，一向狡诈的曹丕这一次却非常厚道。在曹丕看来，孙权是真心向魏国投降的，我们这时去打他，传出去恐怕对魏国的影响不好。不如我们接受了东吴的投降之后，转身去攻打蜀国，这样胜算会不会更大一点？

对于曹丕的这个问题，刘晔再次分析道："蜀远吴近，又闻中国伐之，便还军，不能止也。今备已怒，兴兵击吴，闻我伐吴，知吴必亡，将喜而进与我争割吴地，必不改计抑怒救吴也。"这话的意思是，魏国离蜀国远，与东吴却离得近。如果攻打蜀国，刘备必然回师。如果我们不能马上攻下蜀地的话，双方就会陷入拉锯战，孙权反而坐收渔利。假如我们攻打东吴，刘备知道后一定会高兴地和我们一起瓜分东吴的领土。即便孙权厚着脸皮去求援，刘备也肯定不会救他。

虽然刘晔极力向曹丕表明攻吴的好处，但最后曹丕还是没有采纳，而是放弃了这个建议，心情愉快地接受了孙权的投降。曹丕不但不打孙权的黑枪，反而决定给孙权加官晋爵。

黄初二年（221）八月十九日，曹丕派太常邢贞前往武昌，主持拜孙权为吴王的册封仪式，并为他加九锡。看到曹丕给孙权如此丰厚的赏赐，刘晔又站出来表示了反对："不可。先帝征伐天下，十兼其八，威震海内；陛下受禅即真，德合天地，声暨四远。权虽有雄才，故汉票骑将军、南昌侯耳，官轻势卑。士民有畏中国心，不可强迫与成所谋也。不得已受其降，可进其将军号，封十万户侯，不可即以为王也。夫王位去天子一阶耳，其礼秩服御相乱也。彼直为侯，江南士民未有君臣之分。我信其伪降，就封殖之，崇其位号，定其君臣，是为虎傅翼也。权既受王位，却蜀兵之后，外尽礼以事中国，使其国内皆闻，内为无礼以怒陛下；陛下赫然发怒，兴兵讨之，乃徐告其民曰：'我委身事中国，不爱珍货重宝，随时贡献，不敢失臣礼，而无故伐我，必欲残我国家，俘我人民认为仆妾。'吴民无缘不信其言也。信其言而感怒，上下同心，战加十倍矣。"

刘晔这段话想表达的意思只有一个，那就是绝对不能给孙权吴王的称号和加九锡的待遇。当初先帝（指武帝曹操）征战多年，占据天下十分之八的土地，威震华夏。陛下您建立大魏，德被苍生，声名远播。孙权虽然水平不差，但他只是东汉王朝的骠骑将军、南昌侯而已。即便咱们接受了他的投降，最多提拔他为四征将军，封他十万户侯就可以了，绝对不能封他为王。王只比天子低一个级别，二者的礼法、服制都是相通的。万一东吴打败了蜀国，又对咱们阳奉阴违，同时欺骗东吴的百姓，使百姓在孙权的带领下一起反抗魏国，那样的话，我们就会遇到极大的麻烦。

可是，此时的曹丕完全沉浸在孙权归顺的喜悦当中，哪里听得进刘晔的话，所以他对刘晔的劝告毫不理睬。其他人仍然保持沉默，于是，曹丕对孙权的防备松懈了。一个对曹魏最有利的历史机遇，就在曹丕的愉快心情当中慢慢错过了。

"外交官"的智慧

魏黄初二年（221）十一月，主持孙权封王仪式的曹魏的使者太常邢贞到达武昌。孙权为了表示恭敬，亲自率领群臣来到都城外的亭舍，等候邢贞一行的到来。

邢贞坐在车子里，看到孙权如此谦恭，心中不免傲慢起来："这些人等会儿都要由我来册封，我代表着曹魏帝国，不能表现得太过慌张，一定要稳住。"想到这里，邢贞没有急于下车，而是稳稳地坐在车里，等着东吴的人来请他下车。等了一会儿，终于有人走过来了，是一个老头儿，他并没有请邢贞下车的意思，而是厉声呵斥："夫礼无不敬，法无不行。而君敢自尊大，岂以江南寡弱，无方寸之刃故乎！"

听到这话，邢贞当场吓了一跳。老头这话的意思是，从来就没有不恭敬的礼节，也没有不被实行的法令。而您敢如此妄自尊大，是不是以为江南人少力弱，连一寸兵刃都没有吗！这个说话的老头正是张昭。邢贞一看，好汉不吃眼前亏，便赶紧开门下车与孙权相见，和孙权一起进入城内。然后，就是一系列的仪式，宣读诏书，取交封印，孙权向北拜受。

就在举行仪式的时候，边上有一个人一边看一边流泪，满脸愤怒地大声对周围的人说："盛等不能奋身出命，为国家并许、洛，吞巴、蜀，而令吾君与贞盟，不亦辱乎！"意思是说，我们这些武将不能帮主公攻下许昌、洛阳，吞并巴、蜀，反而让主公向北面称臣、受封，实在是太丢面子，太可耻了。说话的这个人是中郎将徐盛。

邢贞很快就知道了，在城门口怒斥自己的老头叫张昭，而在举行仪式时愤怒哭泣的壮汉叫徐盛。这两人的表现让他明白，东吴并非真心想向魏国称臣，他对随行人员说道："江东将相如此，非久下人者也。"

为了表明自己是真心归顺魏国，孙权接受封号以后，马上派中大夫赵咨去洛阳回拜。曹丕一看孙权派人来了，就想在使者身上找点乐子。见到赵咨以后，曹丕很亲切地问他："吴王何等主也？"这话的意思是说，你家领导是什么样的人呢？赵咨应声而答："聪明、仁智、雄略之主也。"曹丕一听，追问道："何以见得？"赵咨从容地答道："纳鲁肃于凡品，是其聪也；拔吕蒙于行陈，是其明也；获于禁而不害，是其仁也；

取荆州兵不血刃，是其智也；据三州虎视于天下，是其雄也；屈身于陛下，是其略也。"赵咨这里举了几个具体的例子，来证明吴王拥有的优秀品质。吴王能从平民百姓中选拔出鲁肃，委以重任，是聪明的表现；从行伍中把吕蒙提拔上来，任为统帅，是明智的表现；俘获了于禁而没有加害他，是仁厚的表现；兵不血刃地夺取了荆州，是智慧的表现；仅占据荆、扬、交三州，却可以对天下虎视眈眈，是有雄才的表现；屈尊向陛下您称臣，是有谋略的表现。

听了这话，曹丕摇了摇头，明白如果还在这方面争论下去的话，最后只会搞到自己没面子，就转换了话题："吴王颇知学乎？"曹丕一心想用自己的长处来怼孙权的短处，但没想到赵咨一听曹丕的问题就笑了，说道："吴王浮江万艘，带甲百万，任贤使能，志存经略，虽有余闲，博览书传，历史籍，采奇异，不效书生寻章摘句而已。"这话的意思是，吴王拥有上万艘的战船和百万人的军队，能够任用贤能之辈，志向高远。闲暇时博览经典，披阅史籍，吸收书中的精华绝妙之处，而不是仿效书生只会摘抄一些书中的句子。

曹丕一听，不甘心地又追问了一句："吴可征否？"赵咨一点也不害怕，回答得还特别有艺术："大国有征伐之兵，小国有备御之固。"虽然大国有征伐小国的军队，但小国也有应对的防御策略。曹丕听了，怀疑地问道："吴难魏乎？"看着对方要发飙了，赵咨却几乎要冷笑了，他掷地有声地说："带甲百万，江、汉为池，何难之有！"这话的意思是，东吴有百万英勇的子弟兵，又有长江、汉水做天险，哪个国家敢过来祸害我们！

这话说得够硬气，曹丕知道再这么谈论下去，自己就很被动了，要么杀了这个使者，要么自己下不来台，不管是哪个选项，都会显得自己没风度、没素养，于是硬生生地挤出笑容，问道："吴如大夫者几人？"在东吴，像你这样有的人有多少呢？赵咨应声回答："聪明特达者，八九十人；如臣之比，车载斗量，不可胜数。"这话是说，在我们东吴，超一流的顶尖人才不算多，估计也就八九十个，而像我这种普通水平的人就太多了，根本没办法完全统计出来。

最后，赵咨凭借得体的外交辞令，得到了魏国君臣的尊敬。回到东吴以后，孙权非常高兴，封赵咨为骑都尉，从此更加赏识重用他。

虽然孙权接受了曹丕的受封，但二者各怀鬼胎，相互之间毫无信任可言。就在赵咨回去后没多久，曹丕又给孙权出了一道难题。

十二月，东吴又收到了一道诏书。曹丕想要封孙权的长子孙登为万户侯，并要求孙登到魏国首都接受分封。对于这件事，孙权看得很通透，他知道这是自己无法逾越的底线。孙登刚被立为太子没多久，如果入京受封时被扣下当作人质的话，东吴未来的发展将会变得非常不利。于是，孙权以儿子年幼为由推辞掉了。

虽然孙权找了个借口，推辞掉了封孙登为万户侯的事，但为了不把这件事闹僵闹大，孙权紧接着又派了西曹掾沈珩入京表示感谢，并献上了众多精美的江南特产。

事实证明，东吴的人才确实不少，下一个东吴的使者沈珩又让曹丕吃了瘪。他是被孙权派来，特意解决送土特产和要不要送儿子进京这两个问题的。

曹丕上次在吴国使者面前丢了面子，这次自然想找回来，于是不怀好意地问道："吴嫌魏东向乎？"这话的意思是，你们东吴这么听话，是不是害怕我们向东发起进攻？听了这种明晃晃的威胁，一般的使者脚都该软了，可沈珩根本不慌，当场就怼回去了："不嫌。"曹丕那边听了觉得奇怪，问："何以？"沈珩说："信恃旧盟，言归于好，是以不嫌；若魏渝盟，自有豫备。"沈珩的意思是，我们和魏国签过条约，自然也相信魏国是个讲信用的大国，从来没有想过魏国会做这种撕毁协议的事。如果魏国真的不把信用当回事，一定要发动军事行动的话，我们东吴也是有所防备的。

曹丕一听，沈珩的口才比上次的赵咨还好，不但狠狠地回击了自己的话，还顺带损了一把魏国。看来自己真的不能和这些使者展开这些敏感的话题，估计这些人从东吴出来的时候早就防了一手。

曹丕眼珠子一转，又耍了另外一个手腕："闻太子当来，宁然乎？"曹丕这里直接把要孙权送太子进京的事抛了出来。这个问题问得很阴险，如果沈珩回答不好，孙权以后的麻烦就大了。只见沈珩不慌不忙地答道："臣在东朝，朝不坐，宴不与，若此之议，无所闻也。"沈珩的回答真是聪明，他这话的意思是，臣下在东吴地位是很低的，平时连上朝见吴王的资格都没有，更别说参加吴王的私人宴会了。所以让我家太子来到洛阳受封万户侯这件事情，我还真的没听说过。陛下这么问我，我只能是无可奉告了。

沈珩完全看清楚了曹丕问话中的陷阱，略微转移话题，就把这事儿糊弄过去了。曹丕一听，连连称赞沈珩，认为他回答得太好了。

孙刘选将

就在孙权和曹丕热情联络的同时，刘备也没闲着。他让孙权彻底丢掉和好的幻想以后，率领大军气势汹汹地向东面扑了过来。当时，吴蜀两国的国界已经向西移到巫山附近了。这里所说的巫山，指的是现在湖南、湖北、重庆交界的地方。刘备想出来痛扁东吴，必须首先拿下这里。

为此，刘备派出将军吴班、冯习、张南，由他们率领四万多人，击败了了吴军将领李异、刘阿率领的部队，占领了巫峡，进军秭归。同时，武陵蛮夷也纷纷派使者向刘备请战。

很快，蜀章武二年（222）二月，蜀军的队伍里就出现了五溪蛮的首领沙摩柯的身影。为什么沙摩柯会加入刘备集团呢？这跟刘备的战略部署息息相关。

刘备很清楚，自己来打东吴的同时，还得提防魏国从北边过来捡便宜。于是，他专门派了镇北将军黄权分兵驻扎在长江北岸，以防曹丕搞小动作。刘备知道这个地方地形复杂，民族成分更复杂，必须先安抚了他们，至少让他们不要跟自己捣乱。假如能把他们整合起来，帮自己的忙，那就更好了。所以，等刘备在秭归站稳脚跟以后，马上派侍中马良带上黄金、锦帛等礼物到处公关，做那些少数民族部落首领的工作，并授予首领们官职和爵位。

马良的工作成效相当大，当地的少数民族首领得到好处后，纷纷决定响应刘备。尤其是五溪蛮的首领沙摩柯，更是坚决地向刘备表示，让他跟随蜀军一起攻打东吴。就这样，沙摩柯正式加入了刘备的阵营。

刘备如此大张旗鼓地攻入吴境，又大肆招兵买马的同时，孙权那边也没有闲着。他很明白，刘备不是关羽，关羽只是一介武夫，刘备却是一位优秀的政治家，在汉中连曹操都曾经败给他。所以，必须选一个足够优秀的统帅才行。选谁好呢？周瑜、鲁肃、吕蒙都已经英年早逝。不过，吕蒙死前倒是推荐过一个人，这个人就是朱然。朱然是重臣朱治的养子，确实是个能干的将领。但是，孙权总觉得朱然身上缺了点什么。

这时，孙权猛然想到一个人。这个人在当初吕蒙白衣渡江、攻克荆州的战役中，曾经牛刀小试，给孙权留下了非常深刻的印象。而且，这个人风度翩翩，满腹经纶，实在是一员儒将。要不就选他吧？孙权想到的这个人，正是年轻的镇西将军、孙权的侄女婿陆逊。

蜀章武二年（222）七月，孙权任命陆逊为大都督①，统率朱然、潘璋、韩当、徐盛、孙桓等部共五万人开赴前线，和刘备决一死战。同时，孙权派平戎将军步骘领兵万人镇守益阳，以防少数民族部落趁机捣乱帮助刘备。

猇亭对峙

老实说，孙权的这个部署让很多人失望了。在他们看来，打仗不是背书，陆逊只是一个文弱书生，跑来凑什么热闹。而且，这些将领有的是孙策的老部下，有的是孙权的同族或亲戚，都很骄傲自大，并不太愿意服从陆逊的指挥调度。

陆逊在被任命为大都督后，为了解决这个问题，曾手按宝剑对这些

---

① 据《三国志·陆逊传》，陆逊就任大都督的时间是吴黄武元年（222，蜀章武二年）。

将领们说："刘备天下知名，曹操所惮，今在境界，此强对也。诸君并荷国恩，当相辑睦，共翦此虏，上报所受，而不相顺，何也？仆虽书生，受命主上，国家所以屈诸君使相承望者，以仆尺寸可称，能忍辱负重故也。各在其事，岂复得辞！军令有常，不可犯也！"陆逊是在对这些将领们强调，刘备是天下闻名的强人，连曹操都忌惮他，如今已率大军进入吴境，是我们的强劲对手。诸位都受过国家大恩，应该齐心合力消灭强敌才对。

陆逊还表示说，自己虽然只是一介书生，却受了吴王孙权的委任。即使有人感觉委屈，也应该以大局为重。最后，陆逊警告这些将领，军有常法，不可违犯！

这边陆逊为出征做足了准备工作，那边刘备也没有放慢脚步，而是加快了进军的速度。

蜀章武二年（222）正月，刘备命令吴班、陈式的水军进入夷陵地区，屯兵于长江两岸。二月，刘备自己准备从秭归继续攻吴。但这个时候，黄权站出来表达了自己的忧虑。他对刘备说："吴人悍战，而水军沿流，进易退难。臣请为先驱以当寇，陛下宜为后镇。"黄权之所以感到不妥，主要基于以下两点原因：第一，东吴人个个英勇善战，不好对付；第二，现在蜀军的进军方向是顺流而下的，向前进比较容易，但万一遇到挫折，要退兵就难了。所以，黄权希望让他来当这个先锋，刘备在后方坐镇就可以了。

黄权这番话很有道理。尤其是从安全角度考虑，万一进攻部队有个闪失的话，想退兵都很难。可是刘备却不以为然，一是复仇心切，二是觉得黄权太婆婆妈妈了。于是，一道命令下去，提拔黄权做镇北将军，命黄权驻守江北，预防魏国的偷袭。没想到刘备的这个安排，为他日后的失败埋下了隐患。

把黄权支开以后，刘备亲率大军继续前行，深入东吴境内几百公里，到达夷道县的猇亭。这一下，东吴的将领们受不了了，纷纷要求出征。

之前刘备进攻秭归的时候，陆逊几乎没有任何反抗，直接下令撤退。刘备趁机加快了行军速度，短短半年时间，就从瞿塘峡到巫峡，再到西陵峡，一路高歌猛进。面对气势汹汹的蜀军，吴军似乎一直在重复做着同一件事——撤退，不断地撤退。

陆逊把大家的情绪看在眼里，记在心上，他耐心地解释道："备举军东下，锐气始盛；且乘高守险，难可卒攻。攻之纵下，犹难尽克，若有不利，损我太势，非小故也。今但且奖厉将士，广施方略，以观其变。若此间是平原旷野，当恐有颠沛交逐之忧；今缘山行军，势不得展，自当罢于木石之间，徐制其敝耳。"陆逊分析得很有道理，刘备率军东下，一路势如破竹，气势正盛，而且还驻守在山势高险之地，如果仓促出兵，估计很难赢他。万一赢不了，还容易影响到吴军这边的士气。

所以，陆逊的意思是现在不能急于出兵，而是需要大家多谋方略，静观其变。这里地势险峻，只能爬山行军，刘备的优势会渐渐消失。所以，只要耐心地等着蜀军那边自己精疲力竭，之后就可以对他们开展攻势了。

虽然陆逊把道理说得很明白，但东吴众将还是不理解。他们都认为陆逊是在找借口，这样做就是害怕刘备，因此心里都很怨恨陆逊。

对此，陆逊并不在意，通过这半年的"以空间换时间"，他早已选定了跟蜀军的决战之地，那就是夷道县。根据这个思路，陆逊指挥大军撤到夷陵—猇亭一线后，就安营扎寨了。

陆逊为什么会选择猇亭呢？因为猇亭三面环山，一面临江，易守难攻。而且，猇亭的江岸不像长江沿岸的其他地区那么平缓，十分崎岖陡峻，水军很难快速登陆。所以，刘备在猇亭驻扎以后，水军和陆军的联系就被江水自然地隔离开了，如果陆军发生危险，水军便很难对陆军提供迅速有效的帮助了。陆逊的意图在他后来写给孙权的信中也说得十分明确，就是要借着猇亭的地势，迫使刘备的水军和陆军彼此孤立。

如前所述，之前蜀营黄权就发表过类似的观点，与陆逊的布置正好吻合。可惜，刘备当时并没有听取黄权的忠告，而是自己率军于二月到达了夷陵—猇亭一线，并扎下几十座营寨与吴军对峙。

第四章
夷陵之战

夷陵之战（一）

转眼间，时间就到了六月。从蜀将吴班、张南正月率军来到夷陵地区，已经过去了五个多月，天气渐渐变热，吴军那边却一点动静都没有。为了调动陆逊出战，刘备想了很多办法，包括坚持不懈地派人到阵前辱骂挑战。可是陆逊特别沉得住气，你爱怎么骂就怎么骂好了，我就是不出去。久而久之，见对方无人应招，刘备也骂得兴趣索然了。

刘备等得终于受不了了，决定主动做出些事来。刘备把吴班叫来，命令他诱敌出动。吴班得到命令后，带着几千人在平地上扎营。这一下，东吴的将领们又变得怒火冲天了，这不是明摆着欺负我江东无人吗？于是，东吴军营里又掀起了一场大规模的请战运动。

东吴将领纷纷再次请战，希望大都督能用实际行动，来应对刘备这种无耻挑衅的举动，可是陆逊依然摇摇头："此必有谲，且观之。"陆逊觉得刘备的头脑没有那么简单，营寨后面必有猫腻，所以让大家再等等看。

那边刘备看见派出的前锋吴班在平地上闲了好多天，对面东吴的士兵依然只是在山头上，伸着脑袋东张西望，半点没有下来打仗的意思。刘备一下子就明白了，这招在陆逊那儿不灵。

原来在这一次的部署当中，除了吴班出去诱敌之外，刘备还亲自带领八千精锐埋伏在后。可是没想到，刘备他们在山谷里白白让蚊子叮咬了好几天，却依然没能把吴兵骗过来。无奈之下，刘备只能下令撤兵。

看见吴班营地背后的山谷里走出来的蜀军，大家都是打过仗的人，立刻就明白了！陆逊这时才解释道："所以不听诸君击班者，揣之必有巧故也。"原来，陆逊不是不敢打，而是怕其中有诈，在防着刘备的后手。这下，东吴的将领们都选择了闭嘴，再也不敢嘲笑陆逊了。

就在将领们心甘情愿地接受陆逊领导的同时，夷道城内的安东中郎将孙桓却对陆逊颇多不满。孙桓独自率领一支部队在夷道迎击刘备的前锋部队，这支前锋部队由蜀国的前部督张南率领。夷道在猇亭以南，如果这里被攻破了，猇亭就危险了，陆逊的后路就会被切断。刘备当然也很清楚夷道的重要性，很快就派大军就死死围住了孙桓。孙桓只能派信使拼死杀出重围，向陆逊求救。

接到孙桓的求救消息，很多东吴将领纷纷要求救援，因为孙桓是主公孙权的侄子，又是军方的领导人，不救孙桓影响很坏。可是陆逊依然很沉得住气，任凭大家磨破了嘴皮子，他就是不派兵，而且对大家解释道："安东得士众心，城牢粮足，无可忧也。待吾计展，欲不救安东，安东自解。"陆逊知道孙桓一直深得军心，夷道城池坚固，粮草也很充足，没有什么可担心的。所以，陆逊劝大家再等一等，等他的计谋施展开来以后，不用主动去救孙恒，孙恒那边自己就能解围了。

看破了刘备的计谋后，陆逊又给孙权上了一道奏书，详细分析了目前的形势。他说："夷陵要害，国之关限，虽为易得，亦复易失。失之，非徒损一郡之地，荆州可忧，今日争之，当令必谐。备干天常，不守窟穴而敢自送，臣虽不材，凭奉威灵，以顺讨逆，破坏在近，无可忧者。臣初嫌之水陆俱进，今反舍船就步，处处结营，察其布置，必无他变。伏愿至尊高枕，不以为念也。"

陆逊指出，夷陵是东吴的军事要地，它的得失关系到整个东吴的生死存亡。夷陵虽然易得，但也容易再次失去。失去夷陵，对东吴来说不仅是损失了一个郡，就连荆州也会令人担忧。所以今日争夺夷陵，一定要彻底取得胜利才行。当初刘备水陆并进，不好对付，现在居然不走水路，放弃战船，从陆路前进，随意扎营。根据陆逊的观察，如果刘备再坚持下去，主动权就会转到吴军手里了。

陆逊的分析很准确。等时间到了闰六月，刘备为了避免暑气，早已把将士们全部安排在深山密林里扎营。这下，蜀军算是彻底掉进陆逊的陷阱里了。

这一点就连北方的曹丕都看出来了。曹丕算不上是一位优秀的军事家，但是他对此事看得很通透。听说了刘备的扎营方式后，他不无讽刺地说："备不晓兵，岂有七百里营可以拒敌者乎！'苞原隰险阻而为军者为敌所禽'，此兵忌也。孙权上事今至矣。"论作战水平，陆逊比曹丕要高很多，他明白胜利已经在向自己招手了。

而刘备那边还在山上舒服地安营扎寨，准备和陆逊打持久战。不过，陆逊却不打算休息了。

这天，吴军军营里突然传出一条让将领们颇为吃惊的消息，陆逊要求大家都集中过来，他要开一个军事会议。于是，大家半信半疑地来了，来了一听，陆逊居然在会上说让大家准备向蜀军发动进攻。这一下，吴军将领们算是彻底傻眼了。

夷陵之战（二）

听完陆逊的发言，东吴将领们纷纷表示反对，说道："攻备当在初，今乃令入五六百里，相守经七八月，其诸要害皆已固守，击这必无利矣。"将领们的理由很明确，那就是发动进攻最好是在刘备立足未稳的时候，如今蜀军已经深入国境五六百里，和我们对峙了七八个月，占据了各处险要位置，而且都已经加强了防守，现在进攻蜀军肯定不会顺利。

陆逊听了却不以为然，一脸严肃地说："备是猾虏，更尝事多，其军始集，思虑精专，未可干也。今住已久，不得我便，兵疲意沮，计不复生。掎角此寇，正在今日。"陆逊说得不错，刘备老奸巨猾，战场经验无比丰富。蜀军刚集结的时候，思维一定很严密，斗志一定很昂扬，防范一定很周到，哪会有空子给吴军钻？但现在情况不一样了，耗了这么长时间，蜀军没占到什么便宜，士兵们个个疲惫，军心涣散。这正是吴军进攻的大好机会。

陆逊随后指派了一员将领，去进攻蜀军的一座营寨。结果，这支先锋小分队进行了一次试探性的进攻，不但没什么收获，反而正如大家预料的那样，很快就大败而回了。大家都吐槽："白白让兵士死了。"可是陆逊听了却反驳道："吾已晓破之之术。"

陆逊破敌的方法很简单，就两个字——火攻。这次出战之前，他命令士卒们都到山上割茅草，保证大军里每人一把。

为什么火攻能让刘备一败涂地呢？因为陆逊用试探性的进攻，立刻发现了刘备阵营的弱点，那就是刘备的"一字长蛇阵"首尾不能相顾，水军不能迅速登岸援助。这种情况下，要害要是被人掐住了，最后会变成一摊烂泥。而蜀军的要害就是他们扎营在密林里，一旦用火攻，神仙也救不了。陆逊看明白这一点，立刻决定用火攻来收拾刘备。

直到此时，那些将领才恍然大悟，陆逊一直退而不打，就是想让刘备放松警惕，自己主动放弃水军优势，把全部重心都放到陆地上来。这一仗打完，消灭的就不是一部分蜀军，而是刘备的全部家底。若是能胜利而归，也就意味着在今后几十年，蜀国都没有实力再犯江东了。这一下，大家对陆逊彻底服了。

用火攻赢得初步的胜利后，陆逊立刻做出了详细的作战部署。朱然率军五千人首先发动攻势，突破蜀军前锋，通过大迂回猛插到蜀军后部，与等候已久的韩当围攻蜀军于涿乡（今湖北宜昌市西），攻下涿乡就相当于切断了蜀军的退路。潘璋所部猛攻蜀军的冯习部，所有士兵各持茅草，准备夜里放火，专门烧对方的营寨。同时，诸葛瑾、骆统、周胤诸部将集齐行动，带领自己的部队向猇亭靠拢，配合大都督陆逊的总攻。

那边刘备在山上窝了很久，终于等来了一个好消息，说是东吴全军调动准备决战。在刘备的心中，只要陆逊移动，胜利一定就是自己的。所以，他下令各部务必谨守岗位，做好迎战的准备，专等敌人前来送死。可是蜀军上上下下，包括刘备本人，都只防备敌人用刀枪剑戟前来进攻，却偏偏没想到对方会用火攻。

当夜幕降临的时候，一直在嘲笑陆逊是缩头乌龟的蜀军惊恐万分地看到，朦胧的夜色当中出现了很多闪光点。就在这时，山下传来了阵阵战鼓和呐喊声。伴随着声浪，那些星星点点的亮光一下子蹿得漫山遍野都是。等走近了才知道，分明是东吴的士兵人手一把点着的、绑成束的茅草。山风刮过，那些火把都在呼啦啦地作响，向同一个方向倾倒过去。

刘备确实大意了，他认为自己已经准备好了各种对战方案，却怎么也没想到陆逊会用火攻这一招儿。刘备之前一直觉得陆逊能力不足，自己肯定不会战败，所以全军上下没有一点防范意识。山上到处都是草木，又到了夏天，在如此干燥的天气里，一旦着火，就是请龙王爷过来下雨也灭不了，何况是人力呢？

这天夜里吴军四处点火，蜀军不辨虚实，看到到处火起，十分慌乱。一支军队的人心乱了，这场仗也就完了。眼看着自己这方一座座的营寨瞬间变成了火海，蜀军将士们知道这火是搞不定了，于是纷纷大叫着冲了出去。

刘备当然也没什么更好的方法，既然收拢不住部队，就只能随大流冲出去了。可是想退有那么容易吗？刘备的阵营全在山上，如果继续向上跑，就会被火烧死；如果向江边跑，就会被水淹死；如果向前跑，就会遇到杀红了眼、要来砍人头立功的吴军。三条路都是死，那就只剩后退了。但是，想在这样的地形里迅速撤退，简直比登天还难。

与蜀军溃败逃跑形成鲜明对比的，是之前一直不服陆逊领导的东吴将领们，他们人人奋勇、个个争先。根据史料记载，朱然率军五千人打败了蜀军的先锋部队，与韩当部一起切断了蜀军的退路。潘璋带队猛攻刘备护军冯习的部队，获得大胜。在正面进攻的徐盛进展得更加顺利，一口气攻破蜀军营寨四十多座。其他东吴部队也纷纷涌上，赶过来围攻刘备，从水路彻底截断了蜀军陆军和水军之间的联系。一场混战下来，蜀军的主要将领张南、冯习，还有五溪蛮的首领沙摩柯统统阵亡。

夷陵之战（三）

眼看蜀军乱成了一锅粥，陆逊大喜，知道计谋已经得逞，立刻下令全军出击，向刘备所有的营寨发动了全面总攻。吴军来得如此迅猛，蜀军将士全线崩溃，蜀将杜路、刘宁率军抵抗了一阵，最终因为寡不敌众，只能请求投降。这种情况不是一件、两件，那些不知名的下等军官和普通士兵投降的就更多了。

刘备虽然打了败仗，但他逃跑的本事绝对是上乘的。危急情况下，他带着剩下的部队，一口气跑到夷陵西北的马鞍山，命令手下人就地组织防御，布置了大量的军队环山保卫。

这种千载难逢的好机会，陆逊怎么可能放过？于是一声令下，各路大军纷纷围了过来，从四面八方向刘备发动强攻。蜀军此时已经成了惊弓之鸟，看见东吴将士如此凶猛地冲杀上来，还没交手，内心已经崩溃了。没过多久，蜀军又阵亡了一万多人。

刘备看到这种情况，知道再不赶紧逃跑就没机会了。于是，趁着夜色掩护，强行突围撤退。刘备等人光顾着逃命，剩下的军事物资、车、船等就没人去管了，这些物资理所当然都被陆逊"笑纳"了。

不过，逃离了马鞍山并不意味着刘备他们已经安全了，因为还有另外一支力量在等着他们。在南边夷道城内一直被蜀军围困的孙桓，本来还再为援军的事骂着陆逊，忽然他发现蜀军停止了进攻，开始慌忙地往后退。孙桓很快就明白了，肯定是刘备那边出了乱子，于是立刻下令急速追杀蜀军。

孙桓报仇心切，一路狂奔，以至于他跑得比刘备还快，他都追过去了，刘备还没到。这一下，孙桓有点哭笑不得了，立刻下令调转马头回去截杀刘备。双方终在石门山相遇了。孙桓被刘备包围了几个月，还差点儿成了俘虏，这回脱困了，便憋着一股劲儿要报仇。

刘备得知对面来截杀自己的是孙桓，长叹一声。现在前有堵截，后有追兵，刘备无奈之下只能带着贴身的禁卫军，狼狈地从一边的山上逃走。一行人好不容易翻过了山头，找到一条下山的路，才算摆脱了孙桓的追杀。

山下没多远的秭归县以西有个石门驿站，刘备从石门山逃出去后到了这里。这里的驿人很惊讶地发现，皇帝刘备居然在天刚亮的时候跑到自己工作的驿站来了。驿人不是蠢人，一看就明白了，这是打了大败仗。于是，驿人等刘备走远以后，就把驿站里所有用得上的物资都部放到了路中间，等看见吴兵的影子，他就放了一把火。

估计连陆逊都没想到，居然还能遇上这么一出，后面追击的部队只能万般无奈地在熊熊大火面前停下脚步。这一耽搁，就给刘备赢得了逃跑的最后时间。在身后蜀军全军覆没的情况下，刘备摆脱了追兵，一口气逃进了永安城。

蜀国损兵又折将

面对战败的结局，有人选择投降，比如杜路、刘宁，有人却主动选择牺牲，像傅肜、程畿、马良，他们用自己的鲜血和生命为蜀国换来了最后的尊严。

负责断后的傅肜，在突围的过程当中，带领自己的下属奋力抵抗陆逊大军的进攻。傅肜作战是相当勇猛的，可是手下的士卒数量有限，而且士气与东吴士兵不可同日而语。没过几个回合，傅肜身边的人几乎都战死了。面对敌人的劝降，傅肜很痛快地给出了自己的答案："吴狗，安有汉将军而降者！"意思是说，狗贼！我们大汉哪有投降的将军。说完，傅肜毫不犹豫，挥动大刀冲入敌阵，最后壮烈牺牲。

除了傅肜，还有一个将领面对死亡没有选择逃跑，而是坦然面对，他就是祭酒程畿。刘备兵败得太快了，没来得及给他派什么任务，程畿就自己率领船队，带着水兵打算从江上撤退。但正如黄权之前说的那样，水流是向东走的，程畿他们撤退的方向是西边，加上东吴的水军历来训练有素，结果很快就被包围了。这些东吴的水军围着程畿他们就是一顿暴揍，眼看要抵挡不住了，手下人都着急地劝程畿换一条快船逃跑。想不到程畿却不紧不慢表示，他自从当兵以来，还没有临阵脱逃过。最后，程畿在乱军当中战死了。

此外，马良也在夷陵之战中丢掉了性命。马良就是之前提到过的马季常。马良兄弟五人都很有才名，而马良本人又在兄弟几个当中最为出色。这一次东征，刘备给马良的任务是到武陵郡内，做那些少数民族部落首领的工作，开展统一战线，团结更多能够团结的力量。

没想到，刘备在夷陵一线败得太快了，对马良来说，他还在认真执行自己的任务。刘备这边的势力败得像退潮似的，马良也一下慌了手脚，不知道周围谁是自己的敌人，谁是自己的朋友，连回家的路都找不到了。最后，马良选择由南方向西北撤退，在半道上被东吴的将领拦住。马良是个文官，不是战将，最后的结局可想而知。

一场残酷的战斗打完，人性被揭露得淋漓尽致，有些人宁死不屈，有些人拔腿开溜，还有些人选择向敌人投降。即便是在投降的人当中，也有情有可原的一个，这个人就是郁闷的黄权。

黄权之前奉命驻守江北，以防北方曹丕的偷袭。一开始刘备失败的消息传过来，黄权还觉得问题应该不大。毕竟刘备这次是御驾亲征，而且队伍的人数、准备的程度都远远超过了东吴，就算没打赢，也不至于败得太惨。所以，他并没有抓紧黄金时间向西撤退。等黄权真正意识到刘备这回是彻底被打败，想走却已经来不及，退路都被吴军截断了。摆在黄权面前的只有三条路：一是守在原地，和围困自己的吴军死拼；二是直接向东吴投降；三是投降之前自己防御的敌人魏国。

略微思考了一下利弊得失，蜀章武二年（222，魏黄初三年）八月，黄权决定带领自己的部下，跑到魏国那边去请求办理投降手续。对于黄权的投降，魏国和蜀国都被震惊到了。

黄权投降的消息很快传到蜀国，举国震惊。愤怒的群臣坚决要求把叛徒黄权的家属全部抓起来。蜀国的军事制度和曹魏不一样，曹魏是出征之前把将士的家属统统扣押起来当人质，而蜀国没有这个习惯。大家的意思很简单，虽然我们不扣押军属，但是战场上投降敌人，必须按军法处置，杀一儆百。刘备坚决不同意，他说是自己对不起黄权，不是黄权对不起他，随后又下令仍像以往一样厚待黄权的家人。

几家欢喜几家愁，这边刘备郁闷得要命，那边没有参战的曹丕不费吹灰之力，就得到了一员大将和一整支水军，简直就是意外的惊喜。高兴之余，曹丕很快接见了黄权，笑呵呵地对黄权说："君舍逆效顺，欲追踪陈、韩邪？"意思是，你现在投降了我大魏，是要效法当年脱离项羽的韩信和陈平吗？

曹丕这么说，一方面是夸黄权，说他是韩信、陈平那样的人，水平很高；另一方面是夸自己，我曹丕是要在未来一统天下的君主，汉高祖可以得天下，大魏同样也可以。

没想到黄权却说："臣过受刘主殊遇，降吴不可，还蜀无路，是以归命。且败军之将，免死为幸，何古人之可慕也！"黄权作为降将，并没有拍曹丕的马屁，顺着他的意思往下说，而是实事求是地表明，自己因为深受刘备的大恩，不能投降东吴，回蜀国的路也被切断，所以只能向魏国投降。黄权还表示，自己投降的目的仅仅是保住老命而已，绝对不敢与韩信他们相比。

曹丕还是有头脑的，他觉得黄权确实说了大实话，便决定任命黄权为镇南将军，封育阳侯，加侍中的头衔。更令人不可思议的是，曹丕居然让黄权陪着自己坐上皇帝的御车，到处去视察工作。

黄权在曹魏这边过得如鱼得水，这时却从蜀国传来了一个坏消息。有蜀国逃过来的降将说刘备恼羞成怒，把黄权留在益州的全部家属统统杀死了。这个消息传得有鼻子有眼，连曹丕都深信不疑。于是，曹丕准备为黄权的家属们开一个隆重的追悼会。

没想到黄权坚决反对，不肯轻易发丧。他对曹丕说："臣与刘、葛推诚相信，明臣本志。窃疑未实，请须。"黄权这话的意思是，臣下与刘、诸葛二人相交甚深。他们最了解臣下是什么人，不会轻易杀臣下的家属。臣下认为，这个消息是假的，还请核实一下。

黄权的判断非常正确，没过多久，那条消息就被证明是假的了。从这件事不难看出，黄权即便是投降了，对刘备依然很忠诚。不久之后，刘备病逝。消息传来，魏国上下举国欢腾，大家纷纷上表庆贺，唯独黄权没那么做。

曹丕知道后，想吓一吓黄权，于是就想了一招，派人去召见黄权。黄权也没慌，交代好家事就从容出发了。黄权还在路上，皇帝那里派来的使者就一个接一个来催促，黄权下属的官员和侍从们个个吓得魂飞魄散，以为这回大祸临头，非死不可了。只有黄权安如泰山，坐在车上不动声色，举止自若。当然，最后黄权并没有死，这只是曹丕开的一个玩笑而已。

对刘备，黄权是了解的；对诸葛亮，黄权就是钦佩了。后来，司马懿曾经给诸葛亮写过一封信，信中就提到过这事儿，说黄权为人爽快，他谈论起你时，经常直接从座位上站起身来，赞不绝口。司马懿是诸葛亮的敌人，没必要刻意去讨好诸葛亮，特别是通过第三个人来讨好诸葛亮。所以，黄权夸赞诸葛亮这件事还是可信的。

从黄权的种种表现来看，他的投降并没有成为人生的污点。相反，倒是让很多人看出，这个人确实是一个踏实稳重的老实人。也正是因为为人正直，黄权在曹魏深受重用，后来还成了车骑将军。跟随他一起来到魏国的儿子黄邕后来继承了他的爵位。

值得一提的是，黄权的另一个儿子黄崇没有选择为魏国效力，而是留在了蜀国。黄崇一直对蜀国忠心耿耿，先是担任尚书郎，后来又跟随诸葛亮的儿子卫将军诸葛瞻一同抵御魏国的邓艾，最后在阵前殉职了。

综上所述，蜀国这么多的人才，就因为一场本不应该有的大败，阵亡的阵亡，投降的投降，蜀国的家底一夜之间折损过半，元气大伤。

天下三分

在夷陵取胜之后，东吴内部在接下来的军事行动上产生了很大的分歧。一派主张乘胜追击，活捉刘备，扩大战果。持有这种观点的人，包括徐盛、潘璋、宋谦。

另一派主张见好就收，准备防御北方的侵略。持有这种观点的人，包括陆逊、朱然、骆统。

两派意见僵持不下。大部分的将领都想不通，为什么要在大好形势下撤退呢？就是孙权也举棋不定，专门派人来问陆逊。陆逊理智地给大家分析道："曹丕大合士众，外托助国讨备，内实有奸心，谨决计辄还。"陆逊对局势看得很明白，现在刘备收拢了散兵，加上前来救援的赵云带来的援兵，对手在永安驻军接近两万，很难攻克。况且，在东吴身后还有个更危险的敌人曹丕，他可是一直在后面虎视眈眈，等着坐收渔利。所以，陆逊劝孙权不能只惦记着刘备，而不把曹丕放在心上，还是见好就收吧。

陆逊说得没错，曹丕确实对吴蜀的这场大战十分"关心"。而且，曹丕的心思大家都懂，他一直对准的敌人都是东吴的孙权。

孙权认真想了想，觉得陆逊说得有理。于是，东吴全面撤军了。至此，三国时期最著名的三大战役之一，历时一年多的夷陵之战正式宣告结束。

在这一战中，刘备犯下了不少错误。刘备犯的第一个错误，就是不应该在这个时候去攻打东吴。他选错了时机，太过匆忙了。刘备当时在蜀地刚站稳脚跟，他最大、最凶险的敌人是魏国，而不是东吴。东吴正在进行内部整顿，几面受敌，没能力出来找谁的麻烦。刘备应该抓住这个机会，在国内猛抓基础设施建设，促进生产，把综合国力搞上去。与此同时，刘备也可以派人到西部地区拉拢当地的少数民族部落。如果可以成功拉拢到他们，即便这些人干不出什么大事，也可以给魏国制造一些麻烦出来。

等到蜀国国力强盛了，吴魏之间的矛盾不可调和，甚至打得难解难分了，那时候再出手，不就可以稳赚不赔了吗？可是刘备太心急了，只考虑到荆州在"隆中对"里的重要性，想着无论如何都要把它抢回来，在国力还没完全恢复的情况下，就打了一场大战。这样一来，即便真能打败孙权，自己也会筋疲力尽。到了那时，曹丕想打刘备，还是想打孙权，不就全看他的心情了吗？把自家的命运放在别人的手里，这个错误是战略性的错误，也是根本性的错误。

刘备犯的第二个错误是战术性的错误，就是不听劝告，非得在山林里边扎寨，不但让蜀军受到了毁灭性的打击，也对蜀国政权产生了深远的负面影响。当时蜀国好不容易才七拼八凑组织了七万人马，几乎投入了所有的家当。结果，刘备最后赌输了，连累到新生的蜀国大伤元气。诸葛亮后来花了一辈子的时间也无法恢复，蜀国注定从此成为三国当中实力最弱的一个。

夷陵大败的消息传到诸葛亮那儿。诸葛亮叹了一口气："孝直若在，必能制主上东行；就使东行，必不倾危矣。"这句话中的孝直就是法正。从这番话中不难看出，法正确实深受刘备的信任，并且能在很大程度上左右刘备的意见。如果有他跟在刘备身边，即便蜀国仍旧出兵伐吴，估计夷陵之战最后刘备也不会输得这么惨。

夷陵之战结束了。对孙权而言，经过这次大战，东吴已经牢牢掌握荆州，彻底打了一场翻身仗。相比之下，刘备那边就凄惨多了。短短三年中历经襄樊之战、夷陵之战两次大战，一次比一次败得彻底，从此元气大伤。蜀国的国运也由此而定。

至于北方的曹丕，则笑看这一切的发生。他万万没想到，在自己内部一片混乱，最担心外敌入侵的时候，南方最强的两个敌人居然掐起来了，而且下手还这么狠，自然相当开心。

三个集团各有所得，各有所失。不能否认的是，三国各自的势力范围就此基本稳固了，三国的历史从这一刻正式开始。

孙刘讲和

刘备在夷陵惨败之后退回到了白帝城。白帝城是鱼复县的治所，刘备就是从这里对东吴发动进攻的。鱼复鱼复，葬身鱼腹，多不吉利，于是刘备下令将鱼复县更名为永安，自己居住的宫殿命名为永安宫。从此时开始一直到生命的尽头，刘备再也没有离开过这里。

等局势逐渐稳定后，刘备开始反思，并总结了一下自己在战略方面的失误，具体来说，就是赵云他们说的对，或许自己真的不应该和东吴贸然开战。双方之间的敌对关系应该适度改善一下，于是刘备写了一封信给孙权。给孙权写的信内容不详，后世有人说是求和的，也有人说是试探的。

孙权接到刘备的来信，没有立刻回信。因为，以他的角度来看，刘备写信的意思就是来向自己求和的。在孙权看来，魏蜀二国，既不能同时开战，也不能同时友好。刘备来信时，孙权和曹丕那边还没有彻底断了联系，所以，他这时很纠结。当然，孙权面临的这个选择，对任何人来说都是很艰难的。但孙权不愧是孙权，他用一个很简单的方法就搞定了这么复杂的关系，那就是耍滑头。孙权一方面保持与刘备的联系，另一方面和曹丕也不断交。

又一个冬天来临了，刘备也走到了生命的冬天。章武二年（222）十一月，刘备突然染病在身，而且日渐严重，最后只能躺在床上发号施令。这一天，外面有人禀报，"江东使者郑泉觐见。"孙权看出了刘备的和好意图，特意派太中大夫郑泉来到白帝城拜见刘备，希望吴蜀两国可以恢复之前的友好关系。

见了面，刘备还是很关心自己的那封信："吴王何以不答吾书，得无以吾正名不宜乎？"难道孙权不回自己这封信，是因为他觉得我当皇帝不合适吗？郑泉回答道："曹操父子陵轹汉室，终夺其位。殿下既为宗室，有维城之责，不荷戈执殳为海内率先，而於是自名，未合天下之议，是以寡君未复书耳。"这话的意思是，曹操父子篡夺汉室，您身为汉室宗亲，本该兴兵讨伐国贼，为天下表率。您不应该匆忙称帝，这在百姓当中舆论影响很不好。出于这个原因，我家大王才没有给您回信。

郑泉的话并不刻薄，也有一定的道理。之前在刘备称帝时，持反对意见的刘巴等人也表达过类似的观点。不过，木已成舟，刘备也只能继续走下去了。当然，刘备很清楚自己的人生旅途已经快到终点了，他必须为刘禅即位后的政治环境考虑，不能再和东吴敌对下去，必须尽快和好。

所以，刘备痛快地接受了孙权释放出来的善意，也派太中大夫宗玮入吴洽谈和好事宜。刘备的目的就是缓和与东吴之间紧张的气氛，因为他有更重要的事情要做。这场大战留给刘备的心理阴影太大了，以至于他一病不起。知道自己将不久于人世，刘备现在要抓紧做的就是交代后事。

白帝城托孤

蜀章武二年（222），蜀国尚书令刘巴去世。刘备下旨召见犍为太守、辅汉将军李严至永安宫，拜他为尚书令。李严到白帝城后，主要负责帮助刘备处理永安宫的相关事务。到了蜀章武三年（223）二月，刘备自觉时日无多，就把丞相诸葛亮召到永安宫来。为什么刘备要召诸葛亮来呢？因为刘备要对他委以托孤重任。自从本次病倒以后，刘备就一直在考虑顾命大臣的事。想来想去，重臣之中只有诸葛亮最可靠能干，而且为人谨慎。更关键的是，诸葛亮没什么私心。

就在刘备安排自己的身后事的时候，他的后院益州起火了。有人跑过来报告，黄元脱离了陛下的领导。黄元这家伙看到刘备在夷陵大战中吃了败仗，又听说刘备病得很重，估计活不了多久了，于是一不做二不休，高举造反大旗，放火烧了临邛城。

临邛离成都不远，以目前的形势来看，成都的防守力量相当薄弱，主心骨诸葛亮也被叫去了白帝城，如果黄元真的冲过来，结果很难说。要是让黄元占领了成都，蜀国的末日就真的快到了。

这时杨洪又站出来了，他说："元素性凶暴，无他恩信，何能办此！不过乘水东下，冀主上平安，面缚归死；如其有异，奔吴求活耳。但敕智、绰于南安峡口邀遮，即便得矣。"杨洪的意思是，黄元这家伙向来人品坏，从来不和别人搞好团结，谁也不会主动跟着他起事的。他也知道自己干不成什么大事，肯定是想沿着青衣江下去，到主上那儿求条活路。即便不是，他也不过是向东吴投降而已。所以，只需要派人（将军陈曶、郑绰）在南安峡口那里等他就是了。

果然不出杨洪所料，没过多久，黄元真的顺江而下，结果被早就守候在那里的陈曶、郑绰抓起来，当场砍掉了脑袋。

这样一来，蜀国又躲过了一场动乱。而身在白帝城的刘备也将走到生命的尽头。病榻中的他任命诸葛亮为首席顾命大臣，李严为次席顾命大臣。刘备宣布完任命后，把诸葛亮叫到床前："君才十倍曹丕，必能安国，终定大事。若嗣子可辅，辅之。如其不才，君可自取。"

这话一说出来，现场的气氛一下就凝固了，所有人都呆住了。刘备这话的意思是说，丞相您的水平比曹丕厉害十倍，以后一定能治国平天下！如果您觉得刘禅是可以辅佐的，您就辅佐他。如果您觉得他是块废料，终不能成材的话，那么就请您废掉他，自己取而代之吧。

刘备这话说得太有水平了，他先是给对方一句很高的评语，然后再给对方压上一副很重的担子！

对于刘备的这番话，千百年来人们争论不休。意见主要分为两派，一派认为这体现了君臣之间彼此的高度信任，另一派则认为刘备临死前还惺惺作态，故意试探诸葛亮。

第一派的主要代表是《三国志》的作者陈寿。陈寿在《三国志·蜀志·先主传评》中说："其举国托孤于诸葛亮，而心神无贰，诚君臣之至公，古今之盛轨也。"陈寿认为，刘备对诸葛亮是完全信任的，所以才会毫无保留地把国家托付给诸葛亮。

第二派的主要代表是《魏氏春秋》的作者，东晋史学家孙盛。孙盛认为"备之命亮，乱孰甚焉"，刘备这段话其实是"诡伪之辞，非托孤之谓"。该派的另一个代表是康熙皇帝，他在披阅《通鉴辑览》时说刘备这段话是猜疑之语，虽然刘备平时总是说自己和诸葛亮感情深厚，也清楚地知道诸葛亮对蜀国忠心耿耿，绝无贰心，却在托孤时用话试探诸葛亮，目的就是让诸葛亮向其他人表明自己效忠蜀汉之心。对此，康熙皇帝给了刘备"以谲诈相尚，鄙哉"的评价。康熙本身就是皇帝，他的心态应该和刘备最为相似，所以没有谁会比康熙皇帝更有说服力了。

说话是一门语言的艺术，在政坛当中，说话更是艺术当中的精品。那么，诸葛亮是怎么回答的呢？按照常理，一般分为以下两种：第一种是"领导，谢谢您的信任，我一定照办"。这种说法基本上只是想想而已，谁都不敢直接说出来。

第二种则是诸葛亮式的回答，这也是唯一可选择的答案，是最正确的答案。诸葛亮当场连连磕头，泪流满面，既惊讶又感动地说："臣敢不竭股肱之力，效忠贞之节，继之以死。"意思是说，臣下一定竭尽全力精忠卫国，死而后已。无论是诸葛亮个人的修养，还是后来的事实，都可以证明，诸葛亮这番话完全发自内心，没有半点矫揉造作。

刘备试探诸葛亮，当着大家的面说出来这样一番话，等于逼着诸葛亮在公众面前表态。以刘备对诸葛亮的了解，诸葛亮根本不可能做王莽。这样一来，刘备这番话就相当于给诸葛亮套上了道德枷锁。他的意思是，诸葛亮就是刘家忠心的大臣，直到你死的那一天，你都不能改变你的誓言。而且刘备这么说，从表面上看表达了自己的无私，连皇位都可以让给诸葛亮，实际上却是在笼络人心，为儿子刘禅积累好感。因为大家都会想，皇上这么无私，对我们又这么好，我们怎么能背弃他呢？

事实证明，刘备的苦心获得了巨大的成功。比如，后来诸葛亮在《出师表》里就说，"盖追先帝之殊遇，欲报之于陛下也"。其他老臣如蒋琬、向宠等后来也都在竭尽心力地辅佐刘禅。

其实，无论出于何种目的，自从当年三顾茅庐以来，刘备对诸葛亮的信任都是非常彻底的。刘备出兵打仗时很少把诸葛亮带在身边，而是放手让诸葛亮坐镇后方。诸葛亮就是刘备的大管家，这种信任绝对不是一两句话就可以抹杀的。

当初在汉中，曹操曾想过派刺客直接把刘备搞定。这个刺客很有水平，不但四肢发达，而且头脑也相当厉害。他溜到益州去见刘备，跟刘备大谈特谈伐魏事宜。刘备一点都没有怀疑他，反而听得津津有味。刺客一看刘备越来越相信自己，就不断向刘备靠过来，准备找机会刺杀刘备。这个时候诸葛亮进来了，刺客顿时脸色不正常了，说话也开始不流畅了。诸葛亮一看，就觉得这个人不是一般的谋士。很快，刺客借口要去茅房，溜了出去。

等这个人出去以后，刘备很高兴地对诸葛亮说："向得奇士，足以助君补益。"刘备觉得这是个人才，以后可以助诸葛亮一臂之力。但诸葛亮不这么认为，他严肃地分析道："观客色动而神惧，视低而忤数，奸形外漏，邪心内藏，必曹氏刺客也。"诸葛亮仔细观察了一下这个人后，觉得他神色不正常，不敢正视别人，看起来不像是好人，倒像是曹操派来的刺客。刘备一听，觉得诸葛亮有点太过敏感了，便赶紧派人去查看。下面人很快报告说，那个家伙已经越墙而走，逃得无影无踪了。

如果不是诸葛亮足够聪明，对刘备足够忠心的话，这个刺客可能就得手了。刘备如果不是充分信任诸葛亮的话，又怎么可能吓跑这个水平不低的刺客呢？刘备称帝以后，直接提拔诸葛亮为丞相、录尚书事。丞相主管国家政务，再加上录尚书事，实际上就是货真价实、独一无二的蜀国国家总理了。诸葛亮的权力远远不止于此，张飞死后，刘备又让诸葛亮兼任司隶校尉，主管的就是京畿地区的行政、司法、治安。

通过上面这个故事可以看出，刘备与诸葛亮的关系十分亲密。所以，即使刘备在托孤时，话语中可能暗含有其他的意义，但他对诸葛亮的信任确实是无可置疑的。

刘备白帝城托孤的对象除了诸葛亮，还有李严。为什么刘备会选李严呢？说到这里，就得先讲讲益州的政治小圈子了。刘备集团实际上是由三股势力组成的：荆州派、东州派和益州派。

随刘备从老根据地荆州来的称为荆州派，这股势力实力最猛，其主要成员包括诸葛亮、张飞、赵云、孙乾、简雍等。以前随刘璋的老爸刘焉从北方来益州的亲信被称为东州派。益州土生土长的官员自成一派，称为益州派。三股势力各有其长，共同组成了蜀国的政治圈子。

益州派是土生土长的地头蛇。东州派当年属于外来户，后来随刘焉父子经营多年，已经成为益州本土最为有势力的集团，他们的实力也不可小觑。实际上，刘备托孤的另外一个重臣李严就属于东州派。

李严是东州派的领袖人物，能力还不错，尤其是在打仗方面。刘备入主成都以后，李严多次带兵平定叛乱。但是，这个人本身存在一些问题：第一个是他的身份。他不是荆州派，也就是说，他不是刘备的嫡系。第二个是他的品行。他这个人性情孤傲，难以与人相处。但是，如果在托孤的时候不考虑给李严一些权力，就等于不给东州派面子。以后东州派万一在李严的煽动下闹出什么乱子来，还真是不好处理。

为了照顾大家的情绪，刘备特意命李严为托孤大臣，当诸葛亮的副手。这一点也表达出刘备对诸葛亮的信任，他这是在向李严打招呼，你的身份是副手，什么事都得听诸葛亮的。刘备这么做也是向所有的东州派打招呼——在朕的遗诏里边，朕已经把荆州派和东州派分好了座席，你们可是老二。对此，诸葛亮也看得很通透。

刘备征战半生，儿子不多，只有三个，而且年纪都不大。两年前刘禅被立为皇太子时只有十五岁，他同父异母的弟弟鲁王刘永和梁王刘理就更小了。而且，刘备中年得子，对儿子十分溺爱，当然不会轻易地让他们冒险上战场。之前，年富力强又久经战场的养子刘封对刘备的亲儿子们构成了潜在的威胁，结果被轻易安上一个罪名杀掉了，可是威胁刘备的亲儿子们的仅仅是刘封一人吗？刘备看着跪在自己病榻前的诸葛亮，无比忧心。

章武三年（223）四月，永安白帝城，刘备知道自己走到生命尽头了，终于颁布了遗诏，与皇太子刘禅说了最后一番话。与人们的想象不同，刘备在诏书里并没有给刘禅传授具体的治国方针，只是嘱咐了他一些看似不重要的小事："人五十不称夭，吾年已六十有余，何所复恨，但以卿兄弟为念耳。勉之，勉之！勿以恶小而为之，勿以善小而不为！惟贤惟德，可以服人。汝父德薄，不足效也。汝与丞相从事，事之如父。"

现在的刘备和宿敌曹操一样，在去世前放下了霸主的身份，只想做个好父亲。他们生前叱咤风云，但最后和普通人一样，只希望自己的儿子争气一点。刘备现在不再想兵败东吴的事了，他最担心的是自己的儿子好像没有什么治国的能力。之前有人来探望刘备，说诸葛亮夸赞刘禅最近进步很快，这才让刘备觉得安心很多。

在遗诏最后，刘备希望刘禅可以多读书，从书中获得智慧。刘备推荐的书目包括《汉书》《礼记》《诸子》《六韬》《商君书》等。

日常多做善事，与人为友；多读书籍，增长智慧。这就是刘备认为的最适合刘禅的生存之道，也是拼搏了一生的刘备最后想告诉儿子的人生真理。

说完给刘禅的遗诏后，刘备又把另一个儿子刘永叫到病榻前："吾亡之后，汝兄弟父事丞相，令卿与丞相共事而已。"刘备临死之前还想着给儿子们找个干爹，让他们有个靠山。刘备的意思是，你们兄弟几个在我死后，一定要把诸葛亮视为父亲，与他一起共事，这样你们才能在诸葛丞相的庇护下保全自己。

章武三年（223）夏四月，刘备交代完遗言，驾崩于永安宫。这一年，刘备六十三岁，比他的宿敌曹操多活了三年。现在，他们终于可以在九泉之下，心平气和地煮酒论英雄了。

诸葛亮时代开始了

刘备一死，诸葛亮就正式踏上了三国历史舞台的主角位置。从此，蜀国正式进入了诸葛亮时代。

诸葛亮发布的第一道命令就是护送刘备的灵柩回成都。但是，回成都的队伍里不包括李严。诸葛亮把李严留下，当永安地区的一把手。李严是刘备点名的辅政大臣，是蜀国的二号实权人物。一般来说，在最高权力交接的关键时刻，他应该跟着回成都的。但诸葛亮偏偏把李严留在永安，目的只有一个，就是让李严远离成都，远离权力中心。

蜀章武三年（223）五月，时年十七岁的刘禅即位，成为蜀国的第二任皇帝。刘禅在诸葛亮的帮助下办完了刘备的后事，谥刘备为昭烈皇帝，并改元建兴。

刘禅当上皇帝后，封丞相诸葛亮为武乡侯，开府治事，随后又领益州牧。之前在刘备的手下，诸葛亮是丞相领尚书事，但是没有开府，现在他可以开府了，也就意味着他有了自己的一套政府班子，权力上了一个新的台阶。对于这件事，大家都是服气的。而且，因为有刘备的遗诏做背书，所以刘禅也就大胆放权给诸葛亮了。

为什么说诸葛亮开府后权力上了一个新的台阶呢？这跟蜀国的政权体制有关。蜀国的政权机构大体上继承了东汉，不同的地方在于，东汉在曹操自立为丞相之前，只有三公，没有丞相，权力在尚书台。而诸葛亮主政时期的蜀国实行的是丞相制，没有大将军。虽然有三公和尚书台，但都没有太多的权力。也就是说，东汉时期大将军的权力、尚书台的决策，加上丞相的行政权、执行权，在蜀国全部集中在诸葛亮一个人手里了，几乎所有事情都由诸葛亮说了算。实际上，当时的蜀国确实是"政事无巨细，咸决于亮"。

不过，这种体制要求臣下有绝对的忠心，特别是在主弱臣强的时候。幸好诸葛亮的人品相当不错，而且治国的才干也是举世公认的。他比谁都想把蜀国的事业做大做强，以便让蜀国冲出益州，走向全国。

刘备去世后，南中地区叛乱。作为蜀国的"总理"，诸葛亮下的第一步棋不是平叛战乱，而是关闭边界，休养生息。

在处理政务方面，诸葛亮一直非常愿意听取他人的意见。他当上蜀国实际领导人不久，就发布了一封致全国公务员的公开信。信中他要求大家要敢于向自己提不同意见，向崔州平和徐庶学习，发现有不妥的地方要当场指出。他还特别表扬了董和，说董和与他共事七年，只要发现他做的某些事不稳妥，就反复求证，甚至达十次之多，然后向他报告。大家都要向董和学习，尽量多给他提意见。

此外，诸葛亮也是个很勤快的人，当了一把手后，真的事无巨细、亲自动手。有一次，主簿杨颙居然看到诸葛亮在亲自校对公文，就对诸葛亮讲了一个故事："有一个农民，家里养有奴仆、婢女、鸡、狗、牛、马等。开始的时候，这个人安排奴仆种田、婢女做饭，让鸡报晓、狗咬小偷、牛拉大车，然后骑马赶路，日子过得幸福。后来，这个人脑子突然发热，宣布以后家里所有的事都由自己来做。种田、烧饭、抓小偷、拉车、报晓等都自己一个人干了，没几天就累得差点儿死掉。但实际上他做得还不如鸡狗，难道这个人的水平真的不如鸡狗？完全不是，只是这个人忘记了自己的职责是一家之主，才把事情弄得这么尴尬，不但没有效率，而且还把自己搞垮了。"

很明显，杨颙说的一家之主就是指诸葛亮。杨颙是在提醒诸葛亮，别什么事都管，该放下的就放下，该让别人做的事就让别人去做。杨颙是想借这个故事，劝诸葛亮改变一下自己的工作方式。

当时诸葛亮听了非常感谢，但做事方法却一点没变。这才有了后来司马懿听说诸葛亮"事无巨细，事必躬亲"后，感叹一句，说诸葛亮命不长了。最后，诸葛亮还真的累死在了五丈原。

诸葛亮的做法虽然值得商榷，但他的这股精神、忠心及他的人品却是不容置疑的。诸葛亮虽然拥兵但不自重，虽然集权但没野心，虽然爱权但不谋私。更重要的是，诸葛亮虽然大权在握，却比较民主，知道一个人的力量是有限的，所以希望大家都能对局势畅所欲言，只要不反动，说错了也没关系。这就是千百年来诸葛亮一直被后人尊重的主要原因。

第五章

魏吴开战

魏吴打起来了

夷陵之战结束后，孙权派使者向曹丕报捷。在捷报上，他列上了自己辉煌的战绩，比如印绶、敌军首级、土地等，还为此战立功的将士们请封。曹丕也派使者到东吴，给孙权送去了好盔、好马，以及自己写的诗赋和《典论》。

随后，曹丕又派侍中辛毗、尚书桓阶去东吴盟誓，并让孙权送子入朝。孙权辞让，并不打算接受。陆逊在看到曹丕这一系列不寻常的举动后，当即决定全军撤回，以防曹魏突然发动袭击。

这一次，陆逊又猜对了。没过多久，黄初三年（222）九月，曹丕命征东大将军曹休、前将军张辽、镇东将军臧霸出击洞口，大将军曹仁出击濡须，上军大将军曹真、征南大将军夏侯尚、左将军张郃、右将军徐晃围攻南郡。魏国兵分三路征吴，揭开了魏吴拉锯战的序幕。

面对魏国的大军，孙权布置了针对性的防御体系，派建威将军吕范指挥五路军队，以水军抵抗曹休等人的攻击；派左将军诸葛瑾、平北将军潘璋、将军杨粲救援南郡；派裨将军朱桓在濡须抵抗曹仁的进攻。

其实，孙权并不想和魏国在此时开战，因为扬越蛮夷尚未归附。想到这里，孙权便言辞谦卑地给曹丕上书说："若罪在难除，必不见置，当奉还土地民人，寄命交州以终余年。"孙权这封信的意思是，如果我的罪责难以被原谅，必须加以制裁的话，我一定奉还朝廷封给我的土地和人民，寄居在交州度过余年。孙权怕这封信还不够展示自己的诚心，便接着表示说，他想为儿子孙登向曹魏的宗室求婚。而且孙登年幼，他准备派孙邵、张昭陪同前往洛阳。

接到孙权的来信后，曹丕对此嗤之以鼻。他知道，孙权说的都是些不疼不痒的场面话，便回信说："朕之与君，大义已定，岂乐劳师远临江、汉！若登身朝到，夕召兵还耳。"曹丕的意思是，联和你的君臣关系已经确定，怎么会乐于劳师动众地到长江和汉水去呢？如果孙登能早晨到洛阳，我晚上就命令大军撤回来。

如前所述，孙权当然不会同意把孙登送到洛阳。他明白，自己和魏国已经无法继续友好下去了，便宣布改年号为黄武。

看到孙权擅自更改了年号，曹丕知道这场仗肯定避免不了了。于是，黄初三年（222）十月，曹丕从许昌出发，亲自指挥大军南下征讨，同时把郢州恢复为荆州。十一月，曹丕率军到达宛城。

这时，在洞口的曹休上书曹丕，请求道："愿将锐卒虎步江南，因敌取资，事必克捷，若其无臣，不须为念。"看完信后，曹丕觉得曹休是想迫不及待地渡江，担心他仓促出兵下被吴军打败，便赶紧派人传令制止。

侍中董昭这次也随曹丕一起出征，知道曹休上书这件事后，他对曹丕说道："窃见陛下有忧色，独以休济江故乎？今者渡江，人情所难，就休有此志，势不独行，当须诸将。臧霸等既富且贵，无复他望，但欲终其天年，保守禄祚而已，何肯乘危自投死地以求微倖！苟霸等不进，休意自沮。臣恐陛下虽有敕渡之诏，犹必沉吟，未便从命也。"董昭的意思是，陛下您面有忧色，只是因为顾虑曹休渡江这件事吗？现在渡江困难重重，即使曹休想这么做，也不能单独行动，而是要得到其他将领的支持。臧霸等人已经有了大量的财富和尊贵的地位，估计不会把自己投入危险之地。如果臧霸等人不支持渡江，曹休自然会失掉信心。臣下恐怕即使有陛下渡江的命令，他们也未必会立即执行。董昭的分析不无道理，但曹丕还是对东吴水军有所忌惮，便放缓了进攻的速度。

不久后，一阵暴风正巧吹断了东吴将领吕范的船队的缆绳，这些船只随着水流一直漂到了曹休等人的营垒之下。曹休也不客气，马上收下了这份大礼，斩杀俘获吴军数千人。

曹丕收到吴军溃散的报告后，立刻下令各军迅速渡江，打算趁此机会打乱吴军的布置。没想到，吴军的速度比魏军还快，魏军尚未进兵，吴军的救援船队就已经赶到，并且把逃散的士兵都召集回了江南。虽然曹休派臧霸率军追击吴军，但并没有获胜，将军尹卢反而战死了。

魏国再次挑衅

魏黄初四年（223）刚开年，魏国又忍不住了，这回先动手的是曹真。之前为了抵抗刘备，张郃被曹丕派到了西北。现在刘备死了，曹丕就把张郃调来东南前线和东吴打仗。要说张郃的实力确实不是吹的，一出马就把吴军打败了，占据了江陵中洲。

张郃打赢了这一仗，曹仁那边坐不住了，心想如果自己再没有作为，实在是对不起"曹魏军方第一人"这个称号。于是，曹仁点了几万兵马，开始向濡须进攻。曹仁一边带着几万人马不停蹄地向濡须狂奔，一边敲锣打鼓地放出风声，到处宣传不拿下羡溪绝不收兵。

按照孙权的部署，被派来应对曹仁的是朱桓，他的任务就是死守濡须。可是朱桓收到的消息是曹仁部队要去攻打羡溪，于是他立刻分出大半兵力去保卫羡溪，结果上了曹仁的大当。曹仁一看对手这么老实，当时心里就乐开了花，立刻下令部队直接扑向濡须，趁着濡须兵力薄弱，争取一举把这个军事要塞拿下。

按说曹仁诡计已经得逞，兵力比别人多，速度比别人快，打赢这场仗，甚至直接把朱桓搞定，似乎没有什么悬念。可是曹仁高兴得太早了，他忽视了东吴将士守城的决心。打仗固然讲阴谋诡计，但起决定作用的还是人，最后拼的都是人的意志。朱桓那边看到魏兵黑压压地杀过来，才明白自己上当了。那些增援羡溪的部队一听说大本营危险了，调转马头就往回赶，可是他们才走到半路，曹仁的部队已经杀上来了。

当时朱桓手下只留了五千人的守备部队，大家内心都一致认定这回肯定是活不了了。朱桓原本手上兵力就少，再加上士兵们都是这种精神状态，如果再不采取点什么措施，就真的死定了。于是，朱桓把大家集中起来，鼓励道："凡两军交对，胜负在将，不在众寡。诸君闻曹仁用兵行师，孰与桓邪？兵法所以称'客倍而主人半'者，谓俱在平原无城隍之守，又谓士卒勇怯齐等故耳。今仁既非智勇，加其士卒甚怯，又千里步涉，人马罢困。桓与诸君共据高城，南临大江，北背山陵，以逸待劳，为主制客，此百战百胜之势，虽曹丕自来，尚不足忧，况仁等邪！"

朱桓的这番话确实激励人心，他的意思是，两军交战胜负的关键不仅在于兵力的多少，而且也在于带兵的将领。曹仁所带部队不过是乌合之众，现在又不管不顾地狂奔数百里，人数虽多，但战斗力已经打折了。我们守着高大坚固的城池，南面是长江，北面是大山，完全可以以逸待劳，这是百战百胜的格局。即便是曹丕亲自带更多的援军，都不足以担忧，何况是曹仁的这些人！

大家听完朱桓的话，仔细揣摩了一下，觉得很有道理。于是，军心很快稳定下来，大家又信心满满地跟着朱桓守城了。

面对让自己上了大当的曹仁，朱桓觉得如果不想个办法报复回去，那真是太没面子了。等军心稳定了以后，朱桓下命令让大家偃旗息鼓，从城外望过去，就像城里没守军似的，这种城防当然虚弱得要命，还不好攻下吗？

城外的曹仁看了，信以为真，觉得攻下濡须城根本没有什么难度。于是，曹仁派儿子曹泰为先锋，带领精锐进攻濡须城，然后派将军常雕、王双分兵乘油船攻打中洲。根据可靠消息，朱桓部的全部家属都在那里。要是把那儿攻下来，把朱桓的家属一锅端了，朱桓这边必然投鼠忌器，更没有抵抗意志。最后如果能攻城成功，我给你们记大功一件。

就在曹军上下一片欢欣鼓舞的时候，有清醒的人站了出来，这个人是蒋济。他认为，去攻打中州不一定成功，这种做法就是贪功冒进。曹仁一听就不乐意了，打仗就是为了建功立业，自己这么大老远地跑过来，不就是为了有所收获吗？当然，为了确保万无一失，曹仁亲率一万部队留在橐皋，作为曹泰等人的后援。

朱桓那边一看，曹仁果然上当了，立刻派人带部队去进攻常雕等人，只留下一小部分人由自己带着，对付曹泰。双方一交手，曹泰立刻感受到了巨大的压力。他明白对方是个硬骨头，自己再怎么发力都是啃不动的。眼看打不过朱桓，曹泰居然下了一个匪夷所思的命令，把自己的军营给烧了，然后转头就逃。见此情景，朱桓立刻催动兵马，直扑魏军。

此战过后，朱桓大获全胜，曹仁这边则损失惨重。吴军不仅斩杀了常雕，生擒了王双，而且还让魏兵阵亡了一千余名。朱桓用自己的能力和智谋，又一次为东吴创造了以少胜多的战例。

东吴不好惹

朱桓这边解除了危机，另一位姓朱的将领处境却不怎么好。朱然之前看似不太出彩，但其实很有实力，吕蒙向来非常看好他。当初吕蒙收回荆州以后不久就病了，眼看着病入膏肓。于是，孙权过来问吕蒙看好谁接过他的重担。吕蒙当时就对孙权推荐了朱然，说朱然这个人有勇气，人品好，可以托付。这也从侧面说明，朱然确实很有水平。

孙权很器重吕蒙，所以吕蒙的话对他来说相当有分量，等吕蒙真的从历史舞台谢幕以后，孙权立刻提拔了朱然，让他当江陵的第一把手。实际上，朱然这几年把江陵搞得不错，守得像铁桶一样。

现在曹魏想找东吴的麻烦，江陵这一线当然也少不了。魏国方面负责对江陵进行军事行动的是曹真。曹真之前派张郃在江陵打了一场胜仗，势头很猛，他很是得意，趁热打铁率领主力部队，又把孙盛揍了一顿，取得了两连胜的成绩。

消息传到孙权那儿，孙权一看江陵接连失败，赶紧派诸葛瑾带领部队过去支援，务必止住曹真连胜的势头。可诸葛瑾那边的部队还没和曹真碰上，就被早做好准备的夏侯尚打了个满地找牙，不得不退了回来。

这一下就麻烦了，援军被打退，江陵这个地方就只剩朱然一个人在战斗了。此时江陵已经被魏军全面包围，断绝了和东吴各地的联系。更要命的是，城中的士兵很多都患上了浮肿病，行动十分困难。这一下，非战斗减员占了一大部分。朱然清点了一下，发现能扛着兵器上战场的只剩下不到五千人了。

曹真那边才不管朱然有什么困难，他下令全军做好攻城的前期工作，安排士兵们运土方，挖地道，架木桥，造土山，然后派出神箭手，在岗楼上向城中放冷箭。守城的吴军原本就不多，眼瞅着外面的魏兵越来越多，射进来的箭也越来越多，一个个吓得脸色发白，浑身发抖。

朱然面对这种情况并没有太过慌乱，而是走到士兵当中鼓舞大家。他表示魏军没什么可怕的，别看他们箭多，其实都是纸老虎。当然，除了鼓舞士气之外，朱然明白，最好能有一场胜利来加持。通过观察，朱然他们发现了魏军的薄弱之处，便马上组织了一批敢死队，冲着这个弱点硬冲出去。城外的魏军猝不及防，一下子乱了阵脚，接连被朱然攻克了两个营垒。对吴军来说，这场小胜要比所有的心灵鸡汤都有营养，士气一下就提振起来了。

朱然死硬得很，继续拼命抵抗，一转眼六个月过去了。此时，负责驻守江陵北门的是江陵县令姚泰，看见魏军兵强马壮，城里又要粮尽，就偷偷地给城外的魏军写了一封信，表达了自己想当内应的愿望。哪知道还没等有进一步的动作，这件事就被朱然发现了。朱然一听，姚泰这厮居然想叛变，那只能拿他的人头告诉城内外的人，这是完全不可能的。

经过半年的煎熬，烦躁的不只姚泰一个人，还有城外的夏侯尚。目前长江已经进入了枯水季节，江水变得很浅。夏侯尚想如果自己带兵驻守江陵中洲，然后搞个浮桥，就可以搭到对岸去了。这个消息传回到曹魏的朝廷，群臣听了都拍掌叫好。

只有董昭不这么看，董昭认为，搭浮桥进攻江陵是巨大的错误。董昭说："武皇帝智勇过人，而用兵畏敌，不敢轻之若此也。夫兵好进恶退，常然之数。平地无险，犹尚艰难，就当深入，还道宜利，兵有进退，不可如意。今屯渚中，至深也；浮桥而济，至危也；一道而行，至狭也。三者，兵家所忌，而今行之，贼频攻桥，误有漏失，渚中精锐非魏之有，将转化为吴矣。臣私戚之，忘寝与食，而议者怡然不以为忧，岂不惑哉！加江水向长，一旦暴增，何以防御！就不破贼，尚当自完，奈何乘危，不以为惧！惟陛下察之。"董昭的意思是，以前武皇帝（曹操）智勇过人，用兵也是非常小心的，没有像现在这么轻敌。用兵之道，都是进军容易，退兵难。现在我军驻守江陵中洲，进军过于深入；利用浮桥连通南北交通，做法过于冒险；行军只有一条路可以通过，路又太窄。这三者都是用兵大忌。现在吴军集中兵力，拼命攻击浮桥，一旦浮桥完蛋，咱们那批驻扎在江陵中洲的精锐部队就没了退路。更何况，万一江水突然暴涨怎么办？请陛下务必要考虑老臣的意见！

曹丕冷静一想，硬伤明摆在那儿，万一被董昭说中了，前线就会出大麻烦。于是，曹丕立刻下诏，派人火速赶往前线，命令夏侯尚立刻停止冒险行动，把进驻中洲的部队全部撤回来。

其时，吴军已经包抄过来了，还真的被董昭说中了，他们主攻的对象就是这座浮桥。魏国那些精锐部队挤在狭窄的浮桥上无法施展，乱成一团。吴将潘璋已经准备好了芦苇筏子，正准备烧掉那座浮桥。幸好曹丕的旨意来得比较及时，夏侯尚撤军了，不然后果不堪设想。这还不算完，没过几天，长江水还真的突然暴涨起来。这个消息传回到魏国朝廷，曹丕心里一阵狂跳，充满了无尽的后怕。

这件事过去没多久，像以前曹操在赤壁时遇到的事一样，魏军营中出现了瘟疫。曹丕这才知道水土不服真是要命，东吴这块地方真的不好"玩"，难怪父亲当年咬紧牙关硬想冲过去，折腾了好几次都没得手，到了晚年的时候甚至再也不过去了。

无奈之下，曹丕宣布撤军，江陵转危为安。朱然在这个地方苦守六个月阻挡曹魏，功不可没。为了表彰朱然的守城功绩，孙权改封他为当阳侯。

曹仁、曹彰之死

曹丕回到洛阳后没几天，魏国军方第一领导人曹仁就去世了，时年五十六岁。曹仁是曹操的堂弟，很早就跟着曹操走南闯北。当初打袁术，官渡之战打袁绍，他都立下了汗马功劳。后来，赤壁之战结束以后，他负责镇守江陵，和周瑜拖了一年之久，为曹操的撤退和后方的稳固立下了一等大功，被人称为天人将军。再到后来，襄樊战役当中，正是曹仁率军挡住了气势汹汹的关羽，间接导致了关羽最后败走麦城。这一次攻击东吴，曹仁错用自己的儿子，导致两员大将一死一被俘，但这并不能抹杀他在曹丕乃至整个曹魏集团中的形象和地位。曹仁去世以后，被追谥为忠侯。后来到了曹叡年代，曹仁又和夏侯惇、程昱一起享受在曹操庙堂当中祭祀的待遇，可以说是无上的荣耀了。

到了黄初四年（223）六月，曹彰也去世了。关于曹彰的死，后世写史的人似乎特别不重视，基本上都是一笔带过。实际上，曹彰的死对曹魏政权是有深刻影响的，他是曹操众多儿子当中唯一的军事人才，而且确实很有水平，向来被曹操看好。曹操对他也是最放心的。曹操曾经非常用心地培养曹彰，极力把他打造成曹家最重要的军事家，并成为曹家枪杆子的掌门人，希望他在自己死后为曹家保驾护航。所以临死之前，曹操只是单单把曹彰从大老远的长安调回来。可惜，这一来一回花的时间太长了，曹彰还在半路上，曹操就已经去世了。

后来，曹彰很快被剥夺了兵权，去当专业的贵族了。不仅如此，曹丕还规定，没有自己的命令，曹彰不能离开封国。在很多人眼里，不用干活，吃喝度日，绝对是非常享受的一件事；但是对于从小好为将的曹彰来说却郁闷得不行。曹彰在自己的封国待得不开心，时不时地就会对身边人发发牢骚。说得多了，就被有心人告到曹丕那里了。

曹丕听了自然很生气。黄初四年（223）六月，曹丕专门下命令，让自己的几个兄弟都到首都觐见。之后，曹丕让曹彰陪他去看看老妈。曹彰跟过去一看，老妈不在，只有一个棋盘摆在那儿。曹彰喜好不多，除了"好为将"之外，就是特别喜欢下围棋。于是，兄弟二人一边下围棋，一边吃枣。可是没过多久，曹彰就觉得有点不对劲儿，最后眼睛一直，一头栽倒在地。卞太后闻讯赶来，想找水救曹彰。可曹丕事先已经让人把太后宫里的瓶瓶罐罐都弄碎了。太后衣冠不整地跑到井边，却没办法取水。片刻之后，曹魏集团一代杰出的军事领导人曹彰与世长辞了。

这一段描述来自《世说新语》。《三国志》里面对曹彰之死的记载只有一句，说曹彰"朝京都，疾薨于邸"。意思是说，曹彰来到首都以后，在王府突发疾病死了。对此，史学界有两种观点：第一种认为，曹彰是武将，其身体素质不是一般文弱书生能比的，就算有可能突发疾病，为什么偏偏是被曹丕叫到首都的时候犯病呢？第二种认为，曹彰的死和曹丕无关，和他自己的心情有关。要知道，这位猛将向往的是一心一意在前线杀敌，现在曹丕硬是把他的军权拿下了，曹彰的心情自然郁闷到了极点，肉体就垮得更快了。

曹彰一死，曹丕的心情更好了。大权独揽的曹丕已经忘记了警惕，更加坚定地执行"宁交外姓、不予兄弟"的政策。也就是说，曹丕的自家人必须隔离，外姓的那些强人应该被慢慢提拔到领导岗位上。如果从曹家的利益来看，曹丕等于是为自己的子孙埋下了定时炸弹，因为他提拔得最快的外姓人氏正是司马懿。司马懿获得了曹丕的信任，事业马上会迎来质的飞跃。不过，这一切都还需要时间来证明。

曹丕对东吴还不死心

魏黄初五年（224）七月，曹丕东巡到达许昌，并宣布再次伐吴。这一次，他又碰到一个硬茬子出来反对，这个人就是辛毗。辛毗说："方今天下新定，土广民稀，而欲用之，臣诚未见其利也。先帝屡起锐师，临江而旋。今六军不增于故，而复循之，此未易也。今日之计，莫若养民屯田，十年然后用之，则役不再举矣。"辛毗在劝曹丕不要着急出兵伐吴，理由给得很充分，虽然魏国的国土面积比较大，但人口不多，如果急着打仗，很容易就会失败。况且东吴不好打，以前武皇帝多次出兵，最后也只是到长江边上就回来了。魏国现在的军事实力比武皇帝时候强不了多少，不如现在好好抓生产，苦练"内功"，等个十年八年，综合国力上来了，到那时想不成功都难。

听完辛毗的话，曹丕当场回答了两个字——呵呵，然后问道："如卿意，更当以虏遗子孙邪？"难道要把这个强敌留给后代解决？辛毗回答："昔周文王以纣遗武王，惟知时也。"辛毗这里用了一个譬喻，意思是说，现在伐吴时机不对，您完全可以向周文王学习，把商纣王留给武王去消灭。

不过，辛毗的话并没有发挥作用，曹丕还是起兵南下了，同时命尚书仆射司马懿镇守许昌。

八月，曹丕把一部分陆军转业为水军，自己乘着龙舟，沿着蔡河、颍水进入淮河，并抵达寿春。九月，魏国大军牛气哄哄地开到了广陵。孙权方面一看曹丕又来了，马上开了个会讨论如何应对。安东将军徐盛建议，在竖立的木桩外包上苇席，做成假的城池和望楼，分布在石头城（建业）至江乘一线，估计可以吓走魏军。这话不是开玩笑的，徐盛这个主意可是一个好计策。

得到孙权的许可后，徐盛派人做好了用木头假扮的城池和望火楼，从石头城（建业）一直拉到了江乘，连绵相连几百里长。虽然这个工程相当浩大，但是做法很简单，一天就做好了。然后，徐盛派出战船在江面巡逻。

曹丕一看到这个阵势，再一看长江之水，就长叹了一声："魏虽有武骑千群，无所用之，未可图也。"说来也巧，忽然之间江面暴风大作，吹得曹丕坐的龙舟开始猛烈摇晃，差点儿翻了。曹丕定了定神，问了群臣一个问题："权当自来否？"群臣回答："陛下亲征，权恐怖，必举国而应。又不敢以大众委之臣下，必当自来。"

就在大家都认为孙权肯定会亲自率军过来时，刘晔表示了不同的看法："彼谓陛下欲以万乘之重牵己，而超越江湖者在于别将，必勒兵待事，未有进退也。"刘晔的意思是，孙权可没有那么差劲，他现在一定认为陛下前来只是引诱他，然后派其他将领从别的地方迂回包抄进攻，他有这样的想法，又怎么可能亲自来？他必然是坐镇后方，然后在前线布下重兵防卫。

曹丕觉得刘晔说得有道理，就停留了几天，真的没见到孙权的影子，无奈之下，曹丕只能宣布退兵。魏军就这么走了，来的时候轰轰烈烈，到了最后却草草收场，连个军事演习都算不上。

在曹丕退走的时候，曹休那边派人来报告，说路上碰到一个来投降的东吴人，那个东吴人说孙权已经到了濡须口，准备和魏国大干一场。正当曹丕尴尬万分的时候，有个中领军叫卫臻的站出来说："权恃长江，未敢亢衡，此必畏怖伪辞耳！"的确，孙权除了长江之外，就没有别的依靠了，他绝对不敢在陆路跟魏军挑战。曹丕一听，立刻把降卒叫过来。那个人很快就崩溃了，供称这都是守将让他这么说的，想故意让曹丕吃瘪。知道这一点以后，曹丕心里那叫一个恨。

第六章

诸葛亮的北伐

蜀国日子不好过

夷陵一场大战下来，几乎耗光了蜀国的全部家底。蜀国经不起折腾了，需要好好休息，积蓄国力。具体做法是打外交牌，不是示弱、求和，而是为了互利互惠。魏国是不共戴天的死敌，剩下能做朋友的只剩东吴了。

其实，刘备去世之前也想和东吴恢复外交关系，也派了太中大夫宗玮去东吴交流，只是双方还需要进一步深化互信。现在刘备去世，诸葛亮更加强化了这种想法，问题是派什么人出使东吴比较合适呢？放在以前这根本不是问题，但现在吴蜀之间打过两次仗了，蜀国输得一次比一次惨烈。和东吴恢复联盟关系已经成了蜀国内部一个非常敏感的问题。

不过，蜀国并不缺少聪明人。尚书邓芝就主动向诸葛亮建议："今主上幼弱，初即尊位，宜遣大使重申吴好。"邓芝的意思很简单，蜀国应该和东吴恢复友好关系。诸葛亮听完眼前一亮，封邓芝为中郎将，让他去东吴发展友好关系。事实证明，这一路过去并不是一帆风顺的。

蜀建兴元年（223）十月，邓芝抵达吴境，孙权没有马上接见他，因为当时孙权跟魏国还没有断绝关系。蜀国和魏国之间到底选哪个，孙权还很纠结。还好邓芝是个主动的人，他直接给孙权写信求见："臣今来，亦欲为吴，非但为蜀也。"孙权见了邓芝，对他说道："孤诚愿与蜀和亲，然恐蜀主幼弱，国小势逼，为魏所乘，不自保全耳。"孙权的担心不无道理，蜀国本就弱小，现在继位的新主年纪又不大，如果魏国真的对蜀国发动进攻，估计蜀国很难抵挡得住。

听完孙权的话，邓芝明白了孙权所顾虑的地方，继续劝他说："吴、蜀二国，四州之地。大王命世之英，诸葛亮亦一时之杰也；蜀有重险之固，吴有三江之阻。合此二长，共为唇齿，进可并兼天下，退可鼎足而立，此理之自然也。大王今若委质于魏，魏必上望大王之入朝，下求太子之内侍，若不从命，则奉辞伐叛，蜀亦顺流见可而进。如此，江南之地非复大王之有也。"邓芝的意思是，现在吴、蜀两国占有四个州的地域。大王您是当世的英雄，诸葛亮也是一代人杰。蜀国地势险要，防守坚固，东吴有三条大江的阻隔。两国联合起来，进可兼并天下，退可与魏鼎足而立，是很明显的道理。假如大王归附于魏国，魏国一定会进一步提出无理要求，不仅逼您朝拜，而且会要求把太子作为人质。如果不服从，便以讨伐叛逆为借口发动进攻。如果此时蜀国顺流东下，趁机分取利益。到那时，江南之地可就不再为大王您所有了。

孙权听完邓芝的分析，觉得很有道理，便断绝了与魏国的关系，而与蜀国重新和好。

过了一段时间，邓芝第二次出访东吴。此时双方之间气氛已经轻松很多，孙权很乐观地对邓芝说："若天下太平，二主分治，不亦乐乎？"邓芝是直肠子，他回应道："天无二日，土无二王。如并魏之后，大王未深识天命，君各茂其德，臣各尽其忠，将提枹鼓，则战争方始耳。"邓芝对形势看得很清楚，天无二日，民无二君。如果搞定了魏国，您没有成为天下人共同拥护的皇帝，那么两国的君主就要修习自己的品德，文臣武将就要各尽忠诚，那时战争才刚刚开始。孙权听了之后哈哈大笑："君之诚款乃当尔邪！"

蜀国和东吴的关系这下算是彻底恢复了，诸葛亮的心头大事终于落下了一件。按照他的思路设计，如果自己真的想出兵北伐、兴复汉室的话，框架依然是两路出兵，即自己一路、东吴一路。也就是说，自己向北进攻的时候，孙权得在合肥方向闹点动静出来，使魏国首尾不能相顾，自然就容易成功了。

平定南中

从建兴元年（223）到建兴二年（224），蜀国对外都没有大的动作，诸葛亮需要休养生息，苦练"内功"。当然，他还需要解决国内的问题，尤其是南中问题。南中的地理位置相当于现在的云南、贵州和四川一带，在当时是少数民族的聚居区。南中地区向来不把蜀国朝廷放在眼里，从建安二十年（215）以来，这个地区几乎年年闹事。

比如，建安二十二年（217）越嶲高定谋反；建兴元年（223），雍闿和士燮叛乱，还把当地太守杀了。别的事情还好说，但是把朝廷命官杀了，问题就严重了，形同造反。

士燮之前在东吴当官，对东吴一直忠心耿耿。得知雍闿没有投靠刘备后，士燮便有意拉拢雍闿到东吴阵营里来。后来，士燮与雍闿的关系十分密切，二人一起在南中策划叛乱，并心甘情愿做东吴插在蜀国心脏上的一把尖刀，而且没事就搅动几下。

不得不承认，雍闿在当地很吃得开。在南中地区，他和当地人关系非常好，与一个叫孟获的少数民族部落首领关系尤为密切，他们搅得南中地区四个郡里有三个郡在叛乱。换作平时，蜀国早就出兵平乱了，但是偏偏在这个时候刘备驾崩，国力衰弱，所以对他们只能以安抚为主。对于雍闿而言，他的想法也是类似的，能拖就拖，拖得久了，蜀国朝廷在本地的影响力衰减为零，自己就可以顺利欢迎东吴交接了。

但让雍闿没想到的是，其实诸葛亮是在积蓄力量。蜀建兴三年（225）三月，一切准备好以后，诸葛亮终于决定出兵南中。这一年，诸葛亮已经四十五岁了。

诸葛亮虽然亲自带兵，但也不是孤军深入。南中地盘大，情况复杂，诸葛亮决定以三路大军兵发南中，一路由马忠率领，一路由李恢率领，一路由诸葛亮亲率。

诸葛亮出征之前，参军马谡来送行，给他出了个好主意。马谡说："南中恃其险远，不服久矣。虽今日破之，明日复反耳。今公方倾国北伐以事强贼，彼知官势内虚，其叛亦速。若殄尽遗类以除后患，既非仁者之情，且又不可仓卒也。夫用兵之道，攻心为上，攻城为下，心战为上，兵战为下，愿公服其心而已。"马谡分析得完全没错，南中问题由来已久，如果只是打败他们，属于治标不治本。对于南中问题，最好的方法是对症下药，以攻心为主，征战为辅，这样才能让他们口服心服。诸葛亮听后大喜，决定采纳马谡的建议。

七月，诸葛亮抵达南中，以马谡之计行事。果然，雍闿和高定很快就被斩杀了。两个始作俑者已经上了断头台，就剩下一个孟获了。不久之后，孟获就被诸葛亮活捉了。

孟获以为自己死定了，但事实恰恰相反。因为诸葛亮早就定下了政策，孟获在当地少数民族部落中有很高的威望，这种人物只能优待，不能轻易斩杀。因为有了这条政策，孟获的战俘日子过得相当不错。诸葛亮还特别批准他参观蜀国军营，参观完毕后问他："此军何如？"孟获当然不服，答道："向者不知虚实，故败。今蒙赐观营陈，若只如此，即定易胜耳。"意思是说，我之前是因为不知道你们的真实实力才失败的，如果你们是这样子的军队，下次我一定能战胜你们。

看到孟获不服，诸葛亮决定再给他一次机会。诸葛亮说是再给孟获一次机会，其实前前后后给了他七次机会。短短一个月，孟获带兵报仇，然后被捉，享受优待，如此反复。直到第七次被抓住，诸葛亮还想放他，孟获不再离开了，只说了一句："公，天威也，南人不复反矣！"这一次，孟获是真心向诸葛亮投降了。

南中四郡平定后，诸葛亮即任用当地少数民族首领担任官员。从此以后，直到诸葛亮去世，南中地区再也没有造反过。

曹叡即位与诸葛亮第一次北伐

蜀建兴三年（225）十二月，诸葛亮班师回到成都，蜀国暂时解除了南中之忧。与此同时，魏国又有麻烦事了。

魏黄初七年（226，蜀建兴四年）五月，曹丕怀着数次伐吴失败的深深遗憾驾崩了，享年四十岁。临死前，他精心设计了一套由宗室和心腹大臣组成的托孤班子，班子成员包括曹真、曹休、司马懿、陈群。曹丕明白，宗室力量是不可或缺的，但如果宗室力量过于强大，对皇权就会构成威胁，所以还需要心腹大臣来帮忙监督。这样，二者相互制约，曹家的江山才能真的做到"万年永固"。

曹丕的死让诸葛亮和孙权都看到了机会。于是，孙权迫不及待地率先出手了。同年八月，孙权率军攻打江夏郡，江夏太守文聘坚守城池，与孙权对抗。

孙权大军凶猛来袭，如果碰上个水平一般的，估计该手忙脚乱、焦头烂额了，可是曹叡不一样，这人年纪虽然不大，但胆识过人。就在魏国的大臣们纷纷表示担忧，觉得应该派人支援一下的时候。曹叡却表示："权习水战，所以敢下船陆攻者，冀掩不备也。今已与聘相拒。夫攻守势倍，终不敢久也。"曹叡的意思很明确，那就是孙权及东吴人向来只擅长水战，他之所以敢舍弃水军，改用陆军，是因为想偷袭我们。现在江夏的文聘已经和他处于胶着状态了，东吴人捞不到什么便宜，迟早得打道回府。

曹叡虽然没有派出援兵，但是派了一个军事慰问团去前线支援。而对江夏之战起作用的恰恰就是这个慰问团。慰问团的领队是治书侍御史荀禹，他到江夏后，组织了一千人的部队，趁着夜色偷偷上山举火。孙权那边原本是来偷袭的，一看对面山上火光闪闪，认为是魏国主力来增援了，顿时心里就发毛了。史书对此的记载只有四个字："吴王遁走"。

这边吴王偷偷溜走了，和他一起出兵的将领们可吃了大苦头了。进攻襄阳的是左将军诸葛瑾，他遇到的是司马懿。司马懿斩杀了诸葛瑾的部将张霸，斩首千余级。曹真也在寻阳打败了另一路吴军。这就叫偷鸡不成蚀把米，经过这一仗，孙权算是体会到了曹叡的厉害。

看到孙权出师不利，诸葛亮并没有急于出手。直到第二年，即蜀建兴五年（227，魏太和元年）三月，诸葛亮才正式兵发汉中。在出发前，他给刘禅上了一道《出师表》。其实，北伐中原并不是诸葛亮一时心血来潮，这一直是他的政治理想。经过五年的发展，蜀国综合国力得到大幅度提升，存在不安定因素的南中地区也被初步平定，还和孙权恢复了友好合作关系。这样一来，诸葛亮出兵的时机就成熟了。

很快，诸葛亮就率领大军出征，抵达阳平关。这是诸葛亮的第一次北伐，也是最有可能取得奇袭效果的一次。

曹叡知道诸葛亮大举北伐，吃惊不小，虽然自家的势力是三国当中最强大的，但如果同时两线作战，还是比较吃力的。所以这些年来，魏国采取了"有所为，有所不为"的策略。具体来说，就是把重点放在东吴，采用攻势，对蜀国则采用守势。等诸葛亮北伐的消息传来，魏国朝廷无不深感惊讶。

面对诸葛亮的北伐，曹叡本来想的是转守为攻，主张大举进攻诸葛亮。曹叡就这件事询问了散骑常侍孙资，孙资并不同意曹叡这时主动进攻，原因主要有以下几点：第一，汉中地区地势险峻，向来易守难攻。武皇帝（曹操）在这里与张鲁对战，最后才艰难取胜，后来亲自率军救出夏侯渊的军队后，他曾庆幸地说："南郑直为天狱，中斜谷道为五百里石穴耳"。

第二，如果现在进兵汉中讨伐诸葛亮，不但道路艰险，还要调集大量的兵力和物资，再加上防御东吴趁机进犯的军队，大概需要十五六万人的兵力。之后，还要耗费更多的人力物力，全国都会因此骚动起来，使国内局势变得不稳定。

综上，孙资建议曹叡目前还是以稳固防守为主，派重要将领据守汉中的险关要隘，确保魏国边境安然无事即可。这样，将士可以养精蓄锐，百姓也免受劳役之苦。等过几年之后，魏国国力变强，吴蜀必然会自己衰退下去。

听完了孙资的一番分析之后，曹叡认真思考了一下，决定暂时按兵不动，静观其变。

不管曹叡这边怎么想、怎么做，诸葛亮还是在按自己的计划向前行进。这一趟来之前，他是已经做了周密的规划，比如，把李严调到江州，命蒋琬留守丞相府。最重要的一招，诸葛亮还想拉拢一支生力军，那就是魏国的新城太守孟达。

孟达降旧主

孟达原是刘备集团的将领，在关羽死后担心被猜忌，投降了魏国。初到魏国时，孟达深得曹丕信任，结交了不少朋友，比如尚书令桓阶、征南大将军夏侯尚等。可惜好景不长，谁能想到曹丕这么年轻就过世了呢？更要命的是，桓阶、夏侯尚等人也先后去世了。孟达的好日子也走到了尽头。

后来，诸葛亮知道了孟达在新主公这边不如意，内心惴惴不安这件事。于是，诸葛亮立刻主动给孟达写了封信。信的大致意思是：我知道你当初是不情愿走的，所以我们这边还是张开怀抱、打开大门，欢迎你回来的。

实际上，诸葛亮瞧不起孟达这种人，但是就大局而言，孟达只是人品有问题，利用价值还是很高的。此人现在驻守新城郡，假如能让他倒戈一击，对自己北伐肯定能产生积极的影响。

诸葛亮除了自己写信给孟达，还让李严给孟达写信，邀请孟达回到蜀汉集团。蜀汉集团里的一、二把手，主动给自己写信劝降，碰到这种情况，按照孟达目前的状况来说，不动心就怪了！

没想到，魏兴太守申仪也得知了这事。申仪是和孟达一起降魏的，但两个人的关系一直不好。申仪听说孟达吃里爬外的事情后，立刻向朝廷有关部门反映了孟达的不正常举动。

降蜀的事情被曝光了，孟达心里就更慌了，打算加快自己降蜀的步伐。司马懿得知孟达即将叛乱的消息以后，没有打草惊蛇。他学着诸葛亮的样子给孟达写了一封信。信中司马懿代表魏国朝廷表示对孟达是满意的，希望孟达再接再厉，再立新功。

这封信一到孟达手上，孟达又开始犹豫了，原来大魏天子还是信任自己的。这下，孟达又开始纠结了，原本准备好的起义计划也被搁置了。

其实，这都是司马懿的缓兵之计。蜀建兴六年（228，魏太和二年）正月，司马懿开始动手了，以迅雷不及掩耳的速度抵达新城郡。孟达见司马懿突然出现在城下，心里不禁一阵慌乱。不过，他随即想到，对付这些疲惫之兵，自己只要能咬牙扛下来应付几天，诸葛亮那边的援兵也该到了。可惜，孟达的算盘打错了，他的水平和司马懿不是一个级别的。再加上叛乱不得人心，所以孟达才守了十六天，城池就被司马懿攻破了，孟达本人也被诛杀。

那个申仪并没有因为告密有功而加官晋爵，因为他此前一直在以皇帝的名义随便任命自己手下的官员。这次处理完孟达后，司马懿准备顺手把申仪也处理掉。于是，司马懿不动声色地召见申仪，将他押送回洛阳处理。

在司马懿攻打孟达的过程中，开始时极力怂恿孟达降蜀的诸葛亮并没有露面。其实，对于是否要出手去救孟达，诸葛亮这边也权衡过。孟达能降，带来新城郡当然好，但如果为了救他付出太大的代价，就没必要了。

诸葛亮这么谋划是对的。虽然孟达死了，但是目前形势对诸葛亮来说还是很有利的。司马懿千里奔袭杀掉了孟达，但心里却不以为然，对此没有产生足够的重视。这件事在孟达投降过来的时候，司马懿他们恐怕已经做好思想准备了。所以，整个曹魏朝廷都没有看出诸葛亮真正的战略意图，诸葛亮就可以安心地铺开自己真正的北伐计划了。

子午谷奇谋

就在这时，蜀军中出现了一个著名的分歧，具体来说，就是诸葛亮和魏延对于北伐走哪条路线的争论。魏延是激进派，他的计划是自己带五千人的部队及口粮，从褒中出发，沿着秦岭向东走，到子午谷后再向北走，顺利的话不出十天就可以抵达长安。同时，诸葛亮带兵从斜谷出发，绕个圈和魏延到长安城下会师。这样，就可以顺利平定咸阳以西的地区了。

魏延提出这个计划主要考虑到以下几点：第一，魏国现在驻守长安的是名将夏侯渊的儿子夏侯楙，魏延听说夏侯楙是曹操的女婿，清河公主的丈夫。此人有胆量却没有智谋，听说蜀军来了，立马就会魂不守舍，弃城逃跑。

第二，如果夏侯楙真的弃城逃走，那么长安城中就只有御史、京兆尹了，横门粮仓的存粮，以及百姓逃散剩下的粮食，足以供给军粮。这样一来，蜀军就不用担心粮草不够的问题了。

第三，采用这种奇袭的战略，可以打魏国一个措手不及，让魏国来不及出兵救援。魏延估计魏国在集结军队至少需要二十多天，诸葛亮有充足的时间从斜谷出来接应他。

虽然魏延的子午谷奇谋相当有诱惑力，但诸葛亮认为这个计划太过冒险，不同意。

后来，无数人为诸葛亮数次北伐无功深感痛惜的同时，也对这场争执提出了质疑：如果当初采用了魏延的计划，会不会取得北伐的胜利呢？下面，我们来仔细研究一下魏延的子午谷奇谋。

这个计划大体可以分为以下两步：

第一步，十天之内经子午谷抵达长安。其实，这是不太可能实现的。后来，曹真率领大军想从这里短时间之内直取汉中，结果在子午谷拖了很久都没过去，一个月才走了一半的路程。所以，这第一步就已经足够冒险了。

第二步，拿下长安。魏延计划里的前提条件是夏侯楙能力比较弱，这只能说是一种猜测或是一厢情愿了。夏侯楙确实武略不佳，但是怎么能肯定他会逃呢？就算他真跑了，长安一丢，魏国高层立刻会被惊动，双方就会在长安城外陷入焦灼的状态，根本不可能按照计划推进战况的发展。

所以，子午谷计划说白了就是魏延谋划的一场赌博，而且是风险极大的豪赌。

战争当中取得一次胜利是容易的，但如果指望一两次战役改变全局，那是不现实的。诸葛亮显然不是个赌徒，他明白魏延的子午谷计划是拿蜀汉国运当赌注。但蜀汉之前赌输得太多，现在已经输不起了，所以诸葛亮断然拒绝了魏延的奇谋。在诸葛亮看来，只要魏国高层战略不改，主力放在东线对付孙权，自己这边尽量低调，就有可能取得北伐的成功。

诸葛亮知道自己这边人数不占优，素质也不占优。魏国以骑兵为主，蜀汉以步兵为主，打山地战可以，在平原上拉开架势对着干，困难会很大。但如果只用对付魏国的偏师，蜀军就有一定的把握了。这不能不说是诸葛亮高明的地方。

为了达到突袭的效果，诸葛亮还特意放了烟幕弹，说蜀军将会从斜谷道取郿县，然后逼近长安，这就是实打实的声东击西了。与此同时，他还派出赵云、邓芝作为疑兵，迷惑敌人，占据箕谷。诸葛亮自己亲率主力绕了个道，向西攻打祁山。

诸葛亮拿下祁山以后，下一步的打算就是拿下战略据点街亭。只要拿出地图翻一翻就知道，相比于魏延的子午谷奇谋，诸葛亮的祁山计划是绕了一个大圈子。如果魏延的进军路线是一把弓上面的弦，那诸葛亮的祁山计划就是这把弓上面的弓背部分。那么，诸葛亮舍近求远目的何在？

马谡失街亭

诸葛亮舍近求远，是因为祁山、街亭一带都属于凉州，蜀军从凉州进攻魏国的入口很多，使魏军防不胜防，所以凉州的地形非常适合蜀军作为北伐的起点。诸葛亮的计划是进军夺取陇右，然后积小胜为大胜，以时间换空间，一点点地把凉州地区吃掉。诸葛亮的北伐绕了个大弯子，长途跋涉，取其软肋，是相当高明的一招棋。事实上，诸葛亮的策略很快起了效应，魏国的天水、南安、安定三个郡一起倒戈投降蜀国，形势一片大好。

面对诸葛亮的北伐，曹叡一开始的战术是让曹真驻扎在郿县，防止诸葛亮进军长安。后来，曹叡发现诸葛亮主攻的方向不在东边，便命令张郃带兵五万向西进发狙击蜀军。为了鼓舞士气，曹叡御驾亲征来到长安坐镇。不过，这一点对诸葛亮来说影响不大，现在诸葛亮心中最要命的点是街亭。街亭是陇右到关中的战略咽喉重地，周边都是高山，山下有一片开阔的地带，一头通陇右，一头通关中。诸葛亮的当务之急是派人当先锋去占据街亭。

当时符合条件的人很多，比如魏延、吴懿等，都是久经沙场的老将，派他们中的任何一个人去都不会有什么问题，可诸葛亮偏偏没选，他选择了一个自己比较欣赏的人——马谡。诸葛亮万万没想到，自己精心挑选的马谡竟成为改变第一次北伐命运的关键人物。

马谡，字幼常，是为刘备经营少数民族部落政策事宜多年的马良的亲弟弟。马谡才智过人，尤其喜欢谈论军事，这引起了诸葛亮的注意。不过，刘备并不看好马谡，他说马谡言过其实，不可大用。可惜，诸葛亮并没有把这话放在心上。

上次诸葛亮平定南中之乱时，马谡曾献上过一条妙计。这次北伐，马谡作为参军随诸葛亮一同出征，并成为攻打街亭的先锋。这是马谡第一次当先锋，他的对手是身经百战的张郃。

一开始，马谡的头脑还是很清醒的，一路快马加鞭，带上部队，抢先赶到了街亭。同时，诸葛亮让大将高翔带兵驻扎在街亭以南的列柳城。这么安排，马谡的压力就小了很多，他只需要一心一意地对付张郃就算合格了。可马谡偏偏觉得"将在外，君命有所不受"，看完地形以后，他下了一招臭棋，放弃城堡和水源，把队伍拉到山上去了。裨将军王平的头脑很清醒，不断提醒这位新任的先锋这样做很危险，可是马谡根本不听。

张郃是战场老油条，他先断了蜀军那边的水源，把山围起来，来了个"围而不攻"。几天后，蜀军的斗力明显下降了，张郃抓住时机发动总攻，马谡的部队立即被打得崩溃，一点还手之力都没有。

这一仗当中最幸运的就是王平。马谡被打败的时候，他没有逃，只是擂动战鼓，固守大营。张郃担心有诈，就放过了王平。王平逃得一命，带领本部人马全身而退。

街亭一败，基本上诸葛亮整个北伐计划就泡汤了。消息传来，诸葛亮长叹一声，下令撤军。第一次北伐以蜀军失败告终。

当诸葛亮的主力部队溃退回来的时候，赵云正驻守在箕谷，他也受到了敌人的攻击。主力战败的消息传来，赵云部的军心开始动摇了，幸好赵云是老将，知道在这种情况下最不能慌乱，立刻组织设防且战且退，由他本人亲自断后。等撤回到大本营，赵云的队伍建制基本完整，粮草辎重统统都在，损失非常小。

对于马谡失街亭这件事，稍微分析一下就知道，马谡适合做参谋，却偏偏被派去当先锋，这一点诸葛亮没有意识到，所以悲剧就这么发生了。

最后，诸葛亮必须为自己的行为埋单，那就是严肃军纪，杀掉马谡。[①]

诸葛亮确实舍不得马谡，"挥泪斩马谡"就是最好的证明。但是，诸葛亮要贯彻自己的治国理念，谁都不能例外，包括他自己。马谡失街亭，诸葛亮是负有领导责任的，至少用人失察的责任是免不了的。因此，诸葛亮上表刘禅要求自降三级。刘禅反复考量之后，决定把诸葛亮降为右将军，但依然代理丞相职务。其他人也受到了处罚，连老将赵云都被罚了，被贬为镇军将军。

不过也有例外，这个人不但没有受到批评，反而得到表彰，他就是力劝马谡的王平。王平战场表现不用多说，事先提正确意见，事后能够全身而退，这两点也只有他做到了。所以，诸葛亮不仅升任王平为参军，监管警卫部队，而且任命他为讨寇将军，封亭侯。

诸葛亮第一次北伐，以梦幻开局，以噩梦结束。失去街亭的后果极为严重，张郃牢牢掌握了战场的主动权，关中到陇右的通道被打通，曹真很快带兵把失去的陇右三郡统统收了回来。更要命的是，诸葛亮想通过街亭一线吃掉陇右的战略意图已经彻底曝光。从那以后，魏国在凉州的防御力量更强了，蜀国彻底失去了从陇右战略迂回奇袭长安的机会。

曹休兵败与诸葛亮第二次北伐

看到诸葛亮北伐进攻魏国，东吴又坐不住了，孙权开始酝酿对魏国的新一轮攻势。以前孙权也曾主动挑衅别人，可惜连续几次都失败了，看

---

① 据《三国志·马良传》，马谡病死在狱中。

来本土作战的主场优势不可忽略，所以最好的办法就是诈降。

魏太和二年（228，蜀建兴六年）五月，曹魏帝国的大司马、益州刺史曹休相信了吴鄱阳太守周鲂假意投降的鬼话，并报告给了曹叡。曹叡命司马懿、贾逵率军去接应曹休。。

八月，孙权来到皖城，任命陆逊为大都督，假黄钺，朱桓、全琮为左右都督，各带三万人狙击曹休的魏军。敌人有了异动，曹休还是有警觉性的，他认为自己上当了，但依仗着手上有十万重兵，还是想和吴军一战。

于是，曹休义无反顾地钻进了东吴的圈套，率兵抵达了石亭。东吴大军在这里早就等候多时了，三路人马一起向曹休部队发动总攻。一个是守株待兔，一个是长途奔袭，最终结果并不难猜。这一仗打下来，曹休损失了一万多人，还有不少后勤物资和军械器具。更可怕的是，曹休的退路已经被掐断，眼瞅着要成俘虏了，还好有援军及时赶到，带兵的是贾逵。

起初，在接到曹叡要求他率兵向东与曹休汇合的命令后，贾逵认真思考了一番，觉得东吴肯定已经在皖城集合部队，曹休这样深入地与吴军作战，必定失败。于是，贾逵部署各将领水路陆路同时并进，行进到二百里处擒获了一个东吴人，说曹休大军战败，东吴正派遣士兵阻断夹石的通道。有的将领建议不要贸然前进，最好等待后续部队上来。贾逵不同意，说道："休兵败于外，路绝于内，进不能战，退不得还，安危之机，不及终日。贼以军无后继，故至此，今疾进，出其不意，此所谓先人以夺其心也，贼见吾兵必走。若待后军，贼已断险，兵虽多何益！"贾逵分析得很对，曹休现在对外兵败，对内路绝，正处在生死存亡的紧急关头，恐怕坚持不了太久。吴军现在只追到了夹石，如果贾逵他们能急速进军，出其不意，就能先声夺人，挫伤敌人的士气，吴军最后一定会退走。假如待在原地等待后援，吴军肯定会抢先将险路切断，到那时即使兵多又有什么用呢。

于是，贾逵部以加倍的速度行军，并在沿途设下许多旌旗战鼓作为疑兵。吴军从远处看到贾逵部队后，果然如贾逵预测的那样惊恐撤走，曹休才得以脱困。贾逵据守夹石，供给曹休士兵粮草，曹休部队才重新振作了起来。

起初，贾逵与曹休的关系不好，但贾逵没有把这种情绪带到战场上来，等到曹休失败，依赖贾逵才得以幸免于难。有了新生力量的加入，魏军战场上的局势才转危为安，曹休终于逃过一劫。

事后，曹休很自觉地向曹叡写了检讨书，请求严肃处理，但是曹叡因为他是宗室成员，没忍心下手。曹叡宽宏大量，曹休心理负担却更加重了，背上生疽，最后病发身亡。曹休死了，这个消息对东吴当然是个良性刺激，对蜀国来说更是天大的利好。特别是诸葛亮听说曹休兵败，司马懿已经调到东面去对付东吴后，更是喜上眉梢。

诸葛亮立刻决定继续北伐，只不过这一次北伐与上一次北伐间隔一年不到，所以蜀国朝廷对诸葛亮的这个想法抱有疑问。更为重要的是，上一回败了，大家心里还有阴影，觉得北伐浪费国力不说，还不容易见成效；实在要打，也得等一段时间，派一部分军队先试一试。

基于国内出现这种怀疑的声音，诸葛亮决定向刘禅上一道《出师表》，后人称为《后出师表》。诸葛亮的观点主要有三条：第一，如果一直不出征，眼看魏国一天天强大，最后会反过来吞掉蜀国；第二，战争确实冒险，但不能因为有风险，不能因为比别人弱小，就束手束脚，不敢行动；第三，随着时间的推移，蜀国人才凋零，越往后损失越大。

看完这份《出师表》后，蜀国朝廷决定继续支持诸葛亮的北伐行动。这时，北伐形势已经悄然发生变化，第一次蜀军的对手是张郃，第二次的对手变成了曹真。

曹真是曹操的养子，不但有勇力，还很有军事才干。在诸葛亮第一次北伐撤走之后，曹真就在想，诸葛亮一定还会再来的。第一次北伐诸葛亮绕了个圈子出祁山，第二次北伐诸葛亮必定会调整策略，进攻陈仓。曹真想到后，立刻做了部署，让郝昭驻守陈仓，加强防守。从这一刻开始，诸葛亮第二次北伐的命运已经被注定了。

果然不出曹真所料，诸葛亮这一趟真的是来包围陈仓的。面对数量远远超过自己的蜀军，守将郝昭半点投降的意思都没有。诸葛亮让郝昭的老乡靳详在城外劝说郝昭，郝昭在城楼上回答道："魏家科法，卿所练也；我之为人，卿所知也。我受国恩多而门户重，卿无可言者，但有必死耳。卿还谢诸葛，便可攻也。"郝昭的意思很明确，那就是魏国对我很好，我肯定不会投降，你们可以随时来攻打我。靳详把郝昭的话告诉了诸葛亮，诸葛亮让靳详再次劝告郝昭，说"人兵不敌，无为空自破灭"。郝昭还是不为所动，并对靳详下了逐客令："前言已定矣，我识卿耳，箭不识也。"靳详只好返回。

对于郝昭的态度，诸葛亮事先也想到了，所以他在劝降的同时，也没忘了进行精心的准备，搬出了自己的进攻性武器，一是云梯，二是冲车，但都被郝昭挡了下来。无奈之下，诸葛亮只能命人往城里面挖地道。当初袁绍打公孙瓒的时候就用过这一招，不过显然郝昭要比公孙瓒强多了，他直接在城里挖了横壕沟对抗。就这样，陈仓之战打了二十多天，也没能分出胜负。

曹真担心郝昭抵挡不住诸葛亮的进攻，便派了将军费耀赶去增援。曹叡本人也放心不下，准备派张郃过去帮忙，临走前他还问张郃："迟将军到，亮得无已得陈仓乎？"意思是，假如将军你晚到一步，诸葛亮会不会拿下陈仓？张郃稍微思考了一下，回道："比臣到，亮已走矣。"

果然，张郃预料的完全正确。张郃还没赶到，诸葛亮就因为粮草吃光，加上曹魏的主力援军马上要开到了，只好退回汉中。在退回的途中，蜀军诛杀了前来追击想占便宜的魏将王双，这几乎是诸葛亮第二次北伐的唯一战果了。

孙权称帝与诸葛亮第三次北伐

蜀建兴七年（229，魏太和三年）春天，诸葛亮开始第三次北伐，派陈戒进攻武都、阴平，魏国雍州刺史郭淮领兵来救。诸葛亮则率领主力杀向建威，牵制郭淮。魏军知道蜀军主力来了，赶紧撤退。于是，蜀军迅速占领了武都、阴平二郡。

消息传回来以后，蜀国军民个个备受鼓舞，尤其是远在成都的刘禅，立刻下令诸葛亮官复原职。到这一年的冬天，诸葛亮把大本营迁到了南山下的平原，建筑了汉城、乐城两座新城，拱卫汉中，加强防守。

就在这一年的四月，一向低调示人的孙权突然高调起来，在武昌正式称帝，定国号吴，改元黄龙，史称吴大帝。从那以后，吴王孙权就变成了皇帝孙权。

万万没想到，蜀国那边对孙权称帝反应非常激烈。虽说蜀国地盘最小，力量最弱，但一直以来是以汉室的正统继承人自居的。现在冒出个吴国皇帝，无论从政治立场，还是感情上来讲，蜀国都很难接受。只有诸葛亮非常清醒。在诸葛亮看来，孙权当皇帝再正常不过，大家都心知肚明。蜀国现在结好孙权，实际上就是利用他对付魏国，这些细枝末节不必过分计较，等未来收复中原了，再对孙权下手不迟。于是，诸葛亮派卫尉陈震出使吴国，对孙权就任皇帝表示热烈祝贺。

与此同时，诸葛亮再一次强调双方的结盟关系也是非常重要的。于是，吴国与蜀国结盟，约定将来平分天下，以豫、青、徐、幽四州归属吴国，兖、冀、并、凉四州归属蜀国，司州地区则以函谷关为界划分。之后，吴国对北方的战争变得更加积极起来。

魏太和四年（230，蜀建兴八年）七月，魏国大司马曹真上表主张先发制人，征讨蜀汉。他的计划是分进合击，各路大军分头行动，让诸葛亮防不胜防，总有一路可以获得胜利。曹叡很快批准了这个方案，命令司马懿从汉水逆流而上，其他将领从子午谷、武威等地出发，到达汉中与曹真会师。

这时，司空陈群却站出来说这条计划不妥，理由是在斜谷行军艰难不说，后勤保障也非常困难，如果诸葛亮派伏击部队沿途袭扰，必然是死路一条。陈群的想法和当初诸葛亮反对魏延的子午谷奇谋思路是一样的，曹叡顿时醒悟了，下令暂停军事行动。

曹真却很执着，再次上书，他认为如果从斜谷不行，就从子午谷进军。陈群又陈述了不便行事的理由，并谈到军事费用的预算问题。面对这种情况，曹叡决定把陈群的奏折直接拿给曹真参考。曹真看完，直接下令全军出发，经子午谷进兵。

诸葛亮很快得到了消息，立刻集结大军，于成固、赤坂设立防线，又令李严带领两万人马赶到汉中。大战一触即发。

然而这仗最后却没打起来，因为事情正如陈群预料的一样，魏军的行军很不顺利。前锋夏侯霸先行一步，在曲谷中安营，结果被蜀军发现围攻。先锋运气不好，主帅这边也遇到了麻烦。曹真遇到的敌人不是蜀军，而是老天爷。当时是雨季，雨一直下了三十多天，把栈道都冲断了，曹真的部队用了一个月，才走了一半的路程。

看到前方的进展这么慢，魏国的一些老臣坐不住了，太尉华歆、少府杨阜、散骑常侍王肃等纷纷站出来反对。九月，曹叡决定先撤军回来。诸葛亮抓住这个空当，派出魏延、吴懿进攻魏国的凉州地区。结果，二人在阳溪一带大破魏雍州刺史郭淮、后将军费曜，取得了胜利。

诸葛亮第四次北伐

蜀建兴九年（231，魏太和五年）春天，诸葛亮再次北伐。考虑到后勤事关大军的命脉，他特意让副手李严以军事总监的身份留在汉中，全面负责后勤事务，自己则亲自带队出征。同时，为了改善前线的后勤运输条件，诸葛亮亲自动手，经过反复攻关，一种叫木牛的运输车应运而生，投入实战。在行军路线方面，诸葛亮最后还是选择了祁山。为了壮大声势，善于搞统战工作的诸葛亮，又派人做通了鲜卑大人轲比能的工作，使鲜卑部落起兵助阵。

这是诸葛亮第四次北伐、第二次出祁山了，对手已经悄然改变。以前诸葛亮的主要对手是曹真，而此时的曹真已经病重在床，由司马懿代替了他的位置。司马懿的作用是替补，但事实证明，他比曹真更难缠、更狡猾。司马懿坐镇长安，辅助他的人包括张郃、郭淮、费曜等名将。

一看诸葛亮又要从祁山出来，司马懿立刻有了应对之策。他派费曜带领四千精兵赶到天水防守，阻止诸葛亮北上，同时自己率领主力前往解祁山之围。祁山在西面，属于前线，而郿县紧靠陈仓，拱卫长安，属于大后方，所以司马懿的布置基本上是比较靠谱的。可是这个时候，张郃提出了反对意见。张郃认为后方的雍县、郿县这些地方都应该增添兵力。如果前线顶不住了，后方也不至于太过薄弱。可司马懿觉得不妥，诸葛亮非等闲之辈，如果在前线不能以优势兵力压制诸葛亮的话，后方再增加人手也是没用的，所以不能分兵。

诸葛亮听说了魏军的部署，就留下王平继续攻打祁山，自己带领主力去上邽攻打司马懿。魏将郭淮、费曜主动袭击诸葛亮，结果被诸葛亮指挥的部队彻底击败。之后，蜀军毫不客气地把当地的麦子割了个精光。听说这个消息后，司马懿急了，率领主力援军拍马赶到，两个人在上邽东面碰上了。

诸葛亮此时最大的心愿当然是和司马懿真刀真枪地干上一仗，可司马懿显然不领情。司马懿把问题看得很通透，对面的蜀军有致命伤，那就是后勤跟不上，具体来说就是缺粮。所以，据险固守对于司马懿来说，是实用性、针对性都非常强的一招。诸葛亮虽然胜了一阵，又割到了麦子，但毕竟是境外作战，离根据地越来越远，全军上下几万人，吃喝拉撒都是问题，只能无奈地撤军走人。

司马懿看诸葛亮撤兵了，决定追而不击。魏军一路跟到卤城，双方愣是没交过手。一般人都理解不了司马懿的这种做法，比如之前已经和司马懿有过争执的张郃。张郃觉得应该速战速决，分出奇兵，截断后路，逼迫蜀军在这里决战。可是司马懿还是不同意。这些将领都很不满，于是有人就说："公畏蜀如虎，奈天下笑何。"司马懿听后仍不以为然，还批评了众将。

可惜，事情不会以人的意志为转移。后来，司马懿发现是否跟蜀军交战这件事，已经上升到自己是否能够继续领军的问题了。如果没了权威，在前线就不会有人为你卖命，于是司马懿很不情愿地派出张郃去打王平，自己率领大军进击诸葛亮。没想到一出门就被诸葛亮打了个大败，魏军死了三千多人，被缴获铠甲五千多具、绞弩三千多张。

这下，魏军将领们集体变哑巴了，只能听司马懿的，继续熬。结果还是有人熬不住了，不是魏军的将领，而是诸葛亮。因为诸葛亮这边的粮草已经跟不上，这回是非撤不可了。蜀军后撤的消息很快传到了司马懿那里，司马懿狂喜，特别点名让张郃出击。这一次张郃倒不愿意去了，他觉得诸葛亮是聪明人，用兵有章法，肯定会在后面设陷阱。但司马懿这个时候已经下了死命令，张郃也只能硬着头皮去了。

果然不出张郃所料，在木门道的高山上，诸葛亮的伏军已等候多时，一看魏军的追击部队还真来了，大家都异常兴奋。等魏军走近了一看，正是老熟人张郃，于是，蜀军个个精神百倍。当魏军的追击部队进入包围圈以后，蜀军将领一声喝令，箭如雨下，乱石飞滚，一支流箭就那么射中了张郃的膝盖。后来，张郃因为伤重病逝了。

打败了张郃以后，诸葛亮顺利撤了回来。他回到汉中大营，负责管粮草的李严迎了上来，脸上一脸惊讶地问："军粮饶足，何以便归！"这就有点让人糊涂了，到底是谁要撤军呢？

原来，诸葛亮进军祁山以后碰到下雨，跟之前曹真的遭遇一模一样。李严是运粮官，一看前线粮食送不上去，怕担责任，就耍起了小聪明，派参军狐忠、督军成藩到前方向诸葛亮传达了皇帝要求撤军的指示。李严为了把故事编圆，又向刘禅汇报说："军伪退，欲以诱贼与战。"意思是这种撤法是为了诱敌深入。

李严的想法是，诸葛亮一直待在汉中，和刘禅之间靠书信来往。以刘禅的角度看，诸葛亮撤军，是因为有计谋；而在汉中的诸葛亮一看刘禅让自己撤军，以为是皇帝怕没粮食，自己在前线吃亏。两边这么一"误会"，这事儿不就解决了吗？

如果碰上一般人，这谎也就圆过去了，但是李严的上司是诸葛亮，他在大好形势下被迫撤了回来，肯定是要一查到底的。李严一看快瞒不住了，就打算把运粮官岑述推出来当替罪羊。诸葛亮搜集了前后的书信和奏章，仔细比对之后发现问题不在这个小运粮官身上，而在李严身上。李严说法前后矛盾，疑点重重。李严一看傻眼了，知道自己无法自圆其说，只好认罪。于是，李严被剥夺了一切的公职、爵位，发配到梓潼郡当普通百姓。

诸葛亮很大度，贬了李严之后，还专门给李严的儿子李丰写了一封信，要求他多多开导他的父亲，让李严反省自己的言行，说不定未来还有复出的机会。李严那边很快也想通了，在接下来的日子里，李严经常希望诸葛亮有一天能宽恕自己，让自己官复原职。只是没想到，诸葛亮两年多后就病逝于五丈原了。正在乡下赋闲的李严闻知噩耗，也跟着大病一场。不久之后，李严便郁郁而终。

其实，李严会做出这种事并不令人意外，因为他之前就出过这方面的问题。刘备托孤以后，诸葛亮的权力很大，作为他的副手的李严权力却很袖珍。托孤前李严是尚书令，托孤后被封为中都护，统内外军事，同时镇守永安。李严的官职虽然名头不小，却没有多少实权。因为当时蜀国的中护军是赵云，主管成都的禁军部队。李严当然不可能去抢赵云的饭碗，所以他能管辖的也就是刘备当时留在白帝城的禁军。

刘备去世后，一开始李严和诸葛亮的关系还不错，甚至可以说相当融洽。蜀章武三年（223），李严受封都乡侯，假节，拜光禄勋。蜀建兴四年（226），李严被封为前将军。到蜀建兴八年（230），李严被封为骠骑将军。可以看出，李严还是很受重视的，如果李严和诸葛亮一样都一心为国的话，两者的关系应该不会太糟。但李严这个人身上的缺点太多了。他为人孤傲，和同僚们的关系一塌糊涂，而且他还好大喜功，经常搞一些面子工程。而且，李严搞这些工程大多是为了满足自己的一己之私，所以受到了当时很多人的反对。

到了蜀建兴四年（226），诸葛亮准备北伐，后方需要有人统筹，于是李严把永安的防务交给了护军陈到，自己跑到江州（今重庆市）驻扎，江州是当时巴郡的中心城市。李严来到这里以后，政绩还算可以，但人际关系依然不行，他上任后和属下牙门将王冲杠上了。王冲知道李严这个人性格霸道，一手遮天，于是摸准机会就逃跑到魏国了。手下大将叛逃当然是一起非常严重的政治事件，李严作为直属领导，责任肯定是跑不掉的。但是，诸葛亮以大局为重，没再追究这事儿，算是放了李严一马。

李严和同事难以相处倒也罢了，顶多是不善于沟通，没有亲和力。但是，李严的另一个缺点就相当要命了，那就是自私，总是想自己做主。经历了王冲事件，他自私的毛病根本没改，甚至有点变本加厉。

蜀建兴五年（227），诸葛亮北伐需要他的支援，但是李严不仅不服从工作分配，反而希望从一州划五个郡，成立巴州搞自治。这种事诸葛亮肯定不允许。对于李严这种出格行为，不仅是诸葛亮，其他人都看出来了。比如，李严的老乡就曾经说"李严此人腹有鳞甲。"但是诸葛亮是一个顾大局的人，他认为对李严这种人必须忍。

所以，虽然之前李严做得有些过分，但为了蜀国政权稳定，诸葛亮都忍了下来，但是这次的运粮问题比之前几次的错误更加严重，直接影响到蜀军北伐的推进。所以，诸葛亮才下定决心，把李严贬为百姓。

诸葛亮第五次北伐病逝五丈原

诸葛亮回来后又开始反思，反思的结果就是粮食才是制约战争成败的关键。如果不是李严在背后因为粮食的问题捣乱，这次北伐战果可以更大。诸葛针对这个问题，采取了以下措施：第一，暂时休战，与民生息；第二，实行屯田，扩大粮源；第三，发明制作了流马，改善运输条件。一转眼三年过去了，蜀建兴十二年（234），诸葛亮又带兵十万开始北伐。

这一年，诸葛亮已经五十四岁了，他的死敌司马懿比他大两岁。这是诸葛亮第五次北伐，也是他最后一次北伐了。也许诸葛亮预感到自己时日无多，于是把家底都带上了。为了把事情做得更周到，减轻北伐带来的压力，诸葛亮又派人联系了吴国，要求他们配合行动。

四月，诸葛亮率军抵达郿县，在渭水南岸安营扎寨。诸葛亮的对手司马懿也带兵过了渭水，摆出一副背水一战的样子。虽然阵势搞得很大，但是司马懿依然不打算打，他想到了老办法，那就是熬。

诸葛亮也是聪明人，在没有找到新的突破点之前，他也不想仓促进军；而且这一次蜀军的粮草问题解决得比较好，再也不怕和魏军拼消耗了。另外，诸葛亮还在当地屯田，让士兵空闲的时候开荒种田，做好了打持久战的准备。

一转眼，双方在五丈原已经耗了一百多天。虽说战争气氛很浓，但实际上什么仗都没打。对于远道而来、客场作战的诸葛亮来说，不管是心理还是实际的作战准备都是拖不起的，所以诸葛亮多次派人挑战，可司马懿脸皮很厚，就是不出来应战。

怎么才能让司马懿出战呢？当时正值八月，是当地最热的时候，诸葛亮派人给司马懿送了一份厚礼——一套女人夏天穿的衣服，这不是摆明了羞辱人吗？那些魏军将士看自己的主帅被人戏弄，纷纷要求出去和诸葛亮一决雄雌。司马懿才不吃这一套，他的原则就是打仗要沉得住气。于是，他假意上表向曹叡请战。

曹叡立马就明白了，将军在外打仗要不要出击这种事还得写信到朕这里来请示，根本就是要拿朕的招牌去压人。于是，曹叡派卫尉辛毗持节到前线约束众将。辛毗一来，曹叡的指示很快传到前线，要求大家专心防守，待敌人粮食耗尽再进攻。

听说辛毗已经到了五丈原后，蜀护军姜维无奈地对诸葛亮说："辛佐治杖节而到，贼不复出矣。"诸葛亮却不同意姜维的观点："彼本无战情，所以固请战者，以示武于其众耳。将在军，君命有所不受，苟能制吾，岂千里而请战邪！"诸葛亮的意思是，其实司马懿本来就无心作战，之所以会请求出战，只是向将领们表示自己敢于用武而已。将领在军中可以不接受君主的命令，如果他能打败我们，怎么会远隔千里的去请求作战呢？

又过了几天，诸葛亮派使者来到司马懿的大营。司马懿关切地问起了对手的生活起居。使者老老实实地回答："诸葛公夙兴夜寐，罚二十已上，皆亲览焉，所啖食不至数升。"意思是，我家丞相军营里大小事情都要亲自抓。起得早，睡得晚，吃的东西一天加起来不过数升。

司马懿听了很感慨，诸葛亮凡事亲力亲为，吃的又少，哪能活得久？司马懿猜得没错，经过几次北伐以后，诸葛亮的身体已经每况愈下了。

听说诸葛亮病情严重，远在成都的刘禅赶紧派尚书仆射李福前去探望，说是探望，其实也是做两手准备。刘禅的意思是，丞相身体好，关怀一下就行了；如果丞相不行了，问问有什么政治遗嘱，大家也好提前有个心理准备。

李福来到五丈原后，与诸葛亮谈了会儿话，便辞别而去。几天之后，李福又回来了。没等李福说话，诸葛亮先开口了："孤知君还意，近日言语虽弥日，有所不尽，更来亦决耳。公所问者，公琰其宜也。"诸葛亮的意思是，我知道你返回来的原因，虽然我们之前已经谈过话，但有些事还没有交待。你想谈的那件事，蒋琬是合适的人选。李福道歉道："前实失不咨请，如公百年后谁可任大事者，故辄还耳。乞复请蒋琬之后，谁可任者？"李福返回的意图很明显，那就是向诸葛亮了解，他去世以后谁可以担负重任。诸葛亮回答："文伟（指费祎）可以继之。"李福又接着问费祎之后谁可以接班，诸葛亮这一次没再回答了。

既然政治遗嘱已经说明白，诸葛亮也没什么牵挂了。蜀建兴十二年（234）八月，蜀国丞相诸葛亮在五丈原病逝，享年五十四岁。

诸葛亮病逝以后，蜀国的北伐事业突然停顿了，接下来亟待解决的问题不是进攻，而是善后。诸葛亮在世的时候处事公平，赏罚分明，谁都镇得住，谁都不敢争。现在诸葛亮走了，权力怎样分才能让大家都服气，这是个技术活。

对于这件事，诸葛亮在病重期间也想到了，他曾经和长史杨仪、司马费祎等人一起研究过撤军方案。最后的结论是，杨仪等人带队先行，魏延、姜维断后。方案当中特别强调，如果魏延真的不听招呼，按照自己的想法去做的话，那么就别管他了，大军依然按原计划撤回。

魏延之死

在诸葛亮的北伐大军当中，魏延是个特殊的人物，这里的武将当中数他资格最老，功劳最大，官位也在众人之上。但问题是这样的一个核心人物与诸葛亮却政见不合。最早是子午谷奇谋时，他要走近路，诸葛亮要绕远道。提议被诸葛亮否决之后，魏延虽然没说什么，但很不甘心，后面每次出征，他都向诸葛亮讨一万人单独出师，但是每次都被诸葛亮否决了。后来，魏延便经常公开抱怨自己怀才不遇。

北伐是个系统工程，除了军事方面，还有一些内务方面的事情需要处理。在诸葛亮手下负责这种一般性事务的，比如粮草、部队调动、后勤给养等的是长史杨仪。杨仪能力很强，处理问题干脆利落，从来不拖泥带水，深得诸葛亮的信任。如果杨仪和魏延能配合得当，绝对是珠联璧合，可惜事实恰恰相反。

魏延虽然和诸葛亮政见不合，对诸葛亮本人还是服气的。但他对别人就没那么客气了，杨仪更是魏延的死对头。杨仪仗着诸葛亮信任自己，经常不买魏延的账。等到诸葛亮去世，杨魏之间的矛盾开始激化。特别是诸葛亮的计划居然让杨仪带队，而不是自己带队，这就让魏延更生气了。不过，因为还有司马懿在旁边虎视眈眈，所以杨魏二人的内部矛盾被暂时压了下去。

诸葛亮北伐队伍撤退的消息很快传到了司马懿那里。司马懿一听，立刻下令追击蜀军。追了没多久，司马懿忽然发现不妥，前面的蜀军突然变道了，后队变前队，剑锋直指司马懿的追兵。司马懿顿时慌了手脚，下令全军撤退。那边的蜀军看见魏军回撤，并没有步步紧逼，而是步步为营，一直撤回到斜谷里才给诸葛亮正式发丧。

看见蜀军不慌不忙，进退有序，司马懿的追兵却是匆匆忙忙，脚底抹油，当地老百姓都笑了，说"死诸葛吓走生仲达"。司马懿听了也很无奈，只能自我解嘲："吾能料生，不能料死故也。"知道诸葛亮真去世了，司马懿又调整部队追了过去，结果却扑了个空，蜀军早已经离开了。

等外部压力没了，蜀军内部的矛盾就彻底爆发了。诸葛亮去世以后，按原计划要全军撤回，可是魏延不干，要留下来继续和司马懿对战。当时费祎就在魏延的军中，他是按杨仪的安排前来打探消息的。魏延这时已经收不住情绪了，当着费祎的面就开始大发牢骚，还盛情邀请他入伙。

要说魏延讨论的内容本身没什么毛病，但问题是这些事诸葛亮在生前已经全部安排好了，你再重新安排一遍，就属于大逆不道了。这一点魏延根本没想过，他甚至把这些意见写成了文件，准备向全军将士公告。一看事情已经到了这个地步，费祎起身告辞。魏延不想放他走，费祎知道魏延的意思，于是就说："当为君还解杨长史。长史文史，稀更军事，必不违命也。"魏延一听觉得挺有道理，如果费祎可以让杨仪不再反对自己，那就再好不过了，所以他也就没拦着费祎。

费祎一出大营，魏延就后悔了，才想起来派人去追费祎，但已经来不及了。既然魏延的态度已经很明确了，杨仪就按照诸葛亮生前的叮嘱不管魏延了。

这个时候，魏延依然没有把杨仪放在眼里，他又干了一件更加出格的事。魏延决定抢先行动，率领本部人马赶在杨仪之前抵达了斜谷，一到谷口就下令烧毁栈道，这就等于把蜀国北伐大军的归路堵上了。这一下真的捅了马蜂窝，你把蜀军堵在了险地，万一魏军追过来，蜀军可能会全军覆没。杨仪等的就是这个机会，立刻上书刘禅说魏延图谋不轨；魏延也不傻，他也上书说杨仪图谋不轨。

刘禅那边也糊涂了，短时间之内几份相互矛盾的奏报一起传了过来，他只好把侍中董允和留府长史蒋琬叫来问问。那两位是聪明人，他们声明自己只敢担保杨仪，不敢担保魏延。

在北边，杨仪心急如焚，看见路已经被堵上了，便命令手下士兵开山辟路，翻山越岭，星夜兼程。等杨仪率部赶到南谷口的时候，发现魏延已经在这儿等着他了。

无奈之下，杨仪派何平到前面抵御魏延。何平不想动手，都是自己人，打起来肯定两败俱伤。于是何平就在阵前吼道："公亡，身尚未寒，汝辈何敢乃尔！"听何平这么一喊，魏延手下那些人知道自己理亏，立刻跑光了。打仗的人跑光了，魏延就成了光杆司令，只能仓皇逃跑了。

魏延父子几人虽然穷途末路，但是他们没有选择向北投奔魏国，而是向南往汉中跑。从这一点可以看出，魏延在最危险的时候都没想过叛国。可惜，魏延在蜀国朝廷那里已经被定性为逆贼，杨仪派来的马岱带部队追了过去，捕获了魏延父子，并当场诛杀了他们。

第七章
司马懿发动高平陵之变

曹叡的堕落

魏青龙二年（234），对于魏国来说是值得庆贺的一年。这一年蜀国丞相诸葛亮病逝五丈原，西面蜀国的威胁几乎没有了，而东面孙权的几路大军也是无功而返。三国鼎立之势已经比较稳固，任何一方想采取行动单独"吃掉"别人，几乎都是不可能的。对于这一点，刘禅、孙权、曹叡都明白。

威胁少了，紧绷的神经就可以放松下来了。从这一刻开始，曹叡的人生跨入了第二阶段。对于皇帝这份工作，曹叡的认识是非常深刻到位的，皇帝就是有事工作、没事嬉戏。嬉戏的主要内容就要看皇帝本身的爱好了，曹叡的爱好一点也不特殊，就是喜欢豪宅和美女。

因为喜欢豪宅，曹叡修建了很多宫殿。他先是修建了许昌宫，又修复了洛阳宫，然后建起了昭阳太极殿。这些工程一旦动工，不仅花钱，而且耗费人力，造成的后果相当严重，农桑之事几乎全都停顿了。

除了豪宅之外，曹叡还很喜欢美女。在曹操时代，王后以下分五等后妃，到魏文帝时增加了五等。曹叡当皇帝后，觉得后妃的人数还是不够，便一口气分了十三级。后宫人数增加了，问题自然不会少。曹叡当初还是平原王的时候，娶的第一个老婆是河内的虞氏，后来又有了新欢毛氏。到了太和元年（227），毛氏成为皇后。只是毛皇后没想到，曹叡很快就移情别恋，喜欢上一个姓郭的嫔妃，即后来的郭皇后。除了增加后妃数量、喜新厌旧的速度加快之外，曹叡连已婚少妇都不放过。

魏景初元年（237），曹叡下了一道荒唐的命令，但凡已经结婚的女人，如果丈夫地位低微，就必须改嫁给守边的将士。如果丈夫有钱，可以拿出一些牛马上缴，老婆就可以保住了。这道命令已经足够荒唐，但实际上更荒唐的事还在后面。这道命令从表面上看好像是为了关怀守边的将士，但实际上曹叡有个私心，因为命令后面还加了一条，这些改嫁的妇女当中如果有长得漂亮的，就必须送入后宫。

后宫的女人多了，如何组织管理也需要智慧。既然不用在乎外敌，那么曹叡就把自己的聪明才智都用在了这些女人身上。具体来说，就是后宫的女人按不同级别，享受不同待遇。曹叡还从中挑选了六个识字读书的人，让她们当女尚书，并且代表皇帝签署意见。

对于曹叡的种种离谱行为，大臣们的反对力度越来越大，如司空陈群、廷尉高柔、卫尉辛毗、少府杨阜、散骑常侍蒋济等都曾上书劝谏曹叡，但都被曹叡不痛不痒地挡了回去。

经过曹叡一番胡闹以后，魏国的国库很快吃不消了。从大臣们的奏章内容可以知道，当时朝廷有两个大项目，一是军费，二是后宫。也正是因为这样，曹叡成为魏国的转折性人物。他执政前期，国运到了顶峰；到后期不停折腾，国运盛极而衰。

按照历史的规律，一个国家到了转折的时候，会有两种人跳出来，第一种是野心家，看准这个政权要崩塌了，出来夺权；第二种是小人，他们未必有眼光能够预测到帝国的崩溃，但是他们很明显能看到皇帝昏庸给自己带来的机会。

说到野心家，大家第一时间想到的一定是司马懿，可实际上司马懿这个时候还没有夺权的资格。虽然他是一品大员，但经常在地方驻扎。严格来说，司马懿是执行皇帝命令的地方大员，主要任务是为皇帝守卫边疆。这也就意味着，很多朝廷的决策他都无法及时参与，这就有了权力的落差。

真正掌权的人不在中央，那就轮到另外一种人冒头了，这种人就是小人。当时，中书省的两位主官是刘放和孙资，他们手里掌握着国家机要，待遇水平类比以前的丞相。曹叡甚至把几次对外作战的谋划工作也交给了他们。这两个人很会揣摩上意，深得皇帝的好评。虽然很多大臣看不惯他们的行为，纷纷上书提醒曹叡注意，但曹叡依然不为所动。当时的曹叡万万没想到，能改变魏国命运的，不是吴国，也不是蜀国，而恰恰是这两个自己非常信任的小人物。

曹爽上位

魏景初二年（238），三十多岁的曹叡忽然重病在床，他开始考虑身后事了。曹叡有三个儿子，两个女儿，可惜只留下了一个幼女。为了防止万一，曹叡在儿子夭折后，收了两个养子做后备人选，大一点的叫曹询，小一点的叫曹芳。因为这两个孩子年龄比较小，无论谁继位都需要成人在旁照顾，所以曹叡要找到一个可靠的托孤大臣。

曹叡最早想到的还真不是司马懿，而是和自己关系不错的叔父燕王曹宇。曹叡任命曹宇为大将军，打算成立以他为核心的托孤班子，班子的其他成员包括领军将军夏侯献、武卫将军曹爽、屯骑校尉曹肇、骁骑将军秦朗等。但是，这些人上任以后很快发现，虽然被委以重任，但真正的权力实际上还是在刘放和孙资手里，他们长期把持着中书省的工作，其他人很难插手。

曹叡一方面想托孤给曹宇，另一方面又信任着孙资、刘放，于是两帮人就这么僵持着。托孤班子的核心人物曹宇为人谦恭，对于托孤这个重任，他一而再再而三地推辞。有一次曹叡把孙资和刘放叫到身边，问燕王到底是什么意思。这两个家伙等的就是这个机会，立刻说："燕王实自知不堪大任故耳。"曹叡追问了一句："谁可任者？"对于刘放、孙资来说，虽然曹爽和他们的关系不是特别好，但与其选择那些看自己不顺眼的人，还不如选择这个看起来傻乎乎的曹爽。于是，他们立刻推荐曹爽，还说最好把司马懿也加进来，他处事稳重，对国家忠心耿耿，而且办事能力很强。

曹叡听到曹爽表忠心后，心里很安慰，决定让他和司马懿作为新的托孤大臣，共同辅政。为了把胜利成果尽快落实下来，刘放、孙资劝曹叡赶紧写好诏书。刘放居然直接爬上了曹叡的床，握住曹叡的手一笔一画地写下了诏书，之后当场宣布圣旨，燕王曹宇等人一律免职，即刻出宫。

到景初二年（238）的年底，曹叡提拔曹爽为大将军，但担心曹爽的能力不足，便任命尚书孙礼担任大将军长史来辅助他。

当时司马懿正在任职路上，之前他收到皇帝的命令，让他去长安驻守。走到一半，曹叡又派人送来手令，让他立刻回洛阳。前后两道诏书互相矛盾，司马懿以为京中有变，马不停蹄地赶回首都，结果见到了奄奄一息的皇帝。曹叡把后事托付给司马懿，为了能让司马懿加深印象，还专门把自己两个养子曹芳和曹询都叫到身边，然后指着太子曹芳对司马懿说："此是也，君谛视之，勿误也！"司马懿这才知道，原来曹叡是要托孤。为了加深二者之间的感情，曹叡还让曹芳专门去抱司马懿的脖子。

景初三年（239）正月，曹叡驾崩，魏国进入了曹芳时代，不过权力都在曹爽和司马懿手里。曹爽是大将军、侍中、都督中外军事，司马懿是太尉、侍中、都督中外军事。双方实力半斤八两，而且合作愉快，各领三千人作为卫队，轮流在宫廷里值班，以防在权力交接时后宫出么蛾子。

曹爽对司马懿一开始是非常尊重的，有什么事都向这位前辈请教。可惜，蜜月总是要过去的，二人因为政见不同，逐渐有了嫌隙。还有一个原因，就是曹爽把一帮狐朋狗友叫到身边当智囊团，这些智囊给曹爽出了很多馊主意，其中比较著名的智囊团成员是何晏。何晏这个人长得很帅，而且谈起人生哲学很有一套，但是他的缺点也很明显，在政治上他就是一个不折不扣的捣乱分子，一旦自己被提拔了，他也毫不客气地把昔日的哥儿们全部提拔了上来。而且，他劝曹爽要小心别人，不能把重权交给他人。

没过多久，这帮人就开始嫌弃司马懿了。景初三年（239）二月，曹芳下诏，让司马懿转任太傅。司马懿立刻明白自己是被架空了，而且还知道这个主意是谁出的，但他也无可奈何，因为曹爽他们已经牢牢掌握了实权。

作为大将军，曹爽能拿出来的最好成绩就是军功，敌人当然是蜀国和吴国了。曹爽觉得和这两国打一仗，获取一些胜利，能大大提高自己的人气和威望。问题是，去打谁好呢？

魏正始五年（244，蜀延熙七年），邓飏、李胜等人建议曹爽征伐蜀国。三月，曹爽带了足足十万人来到长安。然后，曹爽与征西将军夏侯玄一起从骆谷向汉中进军。而当时蜀国在汉中驻守的军队不足三万人。从人数上说，魏军是占绝对优势的，但是蜀军也并非毫无胜算。蜀国的汉中太守王平很擅长打山地战，他一看对方来势汹汹，立刻命令护军刘敏在一个叫兴势的地方虚张声势，迷惑魏军。曹爽一看这个阵仗就被吓住了，参军杨伟觉得不妥，劝曹爽赶紧退兵，同时夏侯玄也收到了司马懿的来信，建议他赶紧撤退。

邓飏、李胜却力主继续进军，和杨伟在曹爽面前争执不休。夏侯玄把司马懿的来信做了汇报，曹爽虽然和司马懿是政敌，但目前的形势逼得他不得不听从司马懿的劝告，只好撤兵了。蜀道进来容易出去难，加上蜀国大将军费祎收到线报，早已带兵前来增援，把魏军的后路堵住了。没有退路的曹爽只能咬紧牙关苦战，最后损兵折将，狼狈不堪地退回长安。

司马懿装病

长安的失败并没有让曹爽警醒，回到洛阳的他反而更变本加厉地折腾起来。此后的两年间，曹爽不顾司马懿的反对，废置了中垒中坚营，阻止了魏吴边境的迁民，结果导致魏国的实力大衰。正始八年（247）三月，曹爽又用何晏、邓飏等人的计策，把郭太后迁往永宁宫。一时之间，曹爽兄弟到达了权力的顶峰。

五月，屡次规劝曹爽的司马懿生病了，而且病得很严重，连政事也参与不了了。曹爽乐得不跟这个可恶的老头打交道，开始尽情享受权力带给他的乐趣。其实，司马懿哪里是真病，就在曹爽极尽享乐的时候，司马懿一直瞪大眼睛盯着曹爽，默默地思考对策，打算寻找合适的时机，给曹爽致命一击。

魏正始九年（248）冬天，曹爽的心腹李胜升官离任前，还专门去探望了司马懿，说是告别，实际上是来探探虚实，看看司马懿离死还有多远。司马懿当然心知肚明，听说竞争对手的心腹要过来探班，更要演好这出戏。李胜前来拜访，落入眼帘的不是当初那个在战场上运筹帷幄的英雄，而是在两个丫头的搀扶下，走路颤颤巍巍的超级病号。这位老人家不仅吃饭穿衣完全需要其他人的帮助，而且连话都说不清楚了。

这种交谈是够困难的了，所以寒暄几句以后，李胜实在没耐心说下去，就和司马懿告辞了。之后李胜直接跑到曹爽那儿，报告了这一喜人的消息。这时曹爽才坚定地认为，司马懿这回是真病了、老了，对这种人担心都是多余的。

魏正始十年（249）正月初六，曹魏帝国第三任领导人曹芳和曹爽一道去拜祭魏明帝的陵园高平陵。消息传来，司马懿立刻把儿子、亲信等人叫来密谋夺权。司马懿有条不紊地下了四步棋：第一，决定假托郭太后旨意，关闭首都洛阳所有城门；第二，占领军械库，分发武器给下属部队；第三，占领洛阳城外的浮桥，阻止曹爽回京；第四，任命司徒高柔代理大将军，占据曹爽的军营，太仆王观为中领军，占据曹羲的军营。其中后面的两步最为"狠毒"，相当于直接废掉了曹爽的"武功"。等一切布置好以后，司马懿立刻给城外的皇帝曹芳上书，指控曹爽的罪行。

此时，司马懿占据了洛阳，手中有京师的部队，还有太后这张牌；

而曹爽人在郊区，军队带得不多。但是曹爽手里也不是没有王牌，他手上有皇帝，只要有皇帝，就可以号召其他地区的军队前来救驾。所以，最终谁胜谁负还真不好说。

司马懿给皇帝上书的消息传到曹爽那里，一下子就把曹爽打蒙了。其实说起来也很简单，曹爽可以选择的路只有两条：第一条路，反抗，有可能会死，也有可能活，机会是五十对五十；第二条路，妥协，那就是死路一条了。可偏偏在这个时候，曹爽犹豫了，想来想去也没敢把这个消息告诉皇帝。鉴于手上的兵确实不多，曹爽临时征集了附近几千个本来在屯田的士兵参与警卫，并暂时安排皇帝在野外宿营。夜色可以掩盖一切，唯独掩盖不住曹爽心中的恐慌。

高平陵之变

司马懿是久经沙场的老将，他知道这一次发动政变实属万不得已，也明白自己虽然已经控制了首都，但其他地方还没掌握，最关键的王牌皇帝还被曹爽控制着。如果曹爽破釜沉舟，通过皇帝诏令天下不明真相的众人来围攻自己，最后鹿死谁手很难预料。所以，得稳住曹爽，绝对不能让曹爽有别的非分之想。为此，司马懿派出了自己的特别使团。当然，这些人的主要任务就是到曹爽大营去探听虚实，劝说曹爽投降。

第一批使团主要有两个成员，一个是陈群的儿子尚书陈泰，另一个是侍中许允①。他们的任务就一个，要曹爽认清局势，反省自我，主动承

---

① 据《资治通鉴·魏纪七》，该使团中还有侍中高阳。

认错误，争取宽大处理。

就在曹爽纠结之时，司马懿又派出了第二批使团。第二批使团成员只有一个人，不过这个人选得很合适。他不是司马懿的人，而是曹爽最信任的人——殿中校尉尹大目。曹爽一看来的是自己的亲信，心里顿时感觉踏实了。尹大目来到曹爽身边，把城里的情况大概说了一下，然后告诉曹爽，司马懿其实没有多少恶意，只是要曹家兄弟手中的军权而已。而且，尹大目还以洛水为誓，保证自己说的都是实话。当时的人还是很讲究的，重大事项必须发誓才显得庄重。但是在政治圈里，发誓根本就不靠谱，可偏偏曹爽这次选择了相信。

当然，不要以为首都所有的人都站在司马懿这边，这里有一个例外，就是大司农桓范。桓范之前劝过曹爽兄弟，一定要小心司马懿，一旦被夺权，你们统统要完蛋。看上去桓范是曹爽的人，但实际上司马懿一直很欣赏他。这一次司马懿发动政变，以太后的名义任命桓范为中领军，想让他加入自己的团队。桓范刚开始还有所动摇，但最终还是听了儿子的话，选择往城外奔去。

司马懿一听桓范溜了，吓了一大跳，他对蒋济说："智囊往矣！"蒋济却不慌不忙地答道："范则智矣，然驽马恋栈豆，爽必不能用也。"蒋济看得很明白，虽然桓范是聪明人，但这事儿主要还得看曹爽是什么人。曹爽一向喜欢贪小便宜，桓范再怎么厉害也没办法扭转局势。

桓范跑到曹爽那里，劝曹爽兄弟立刻带皇帝到许昌去，同时以皇帝的名义征调各地的部队来围剿司马懿。只要司马懿敢和皇帝作对，必然是要完蛋的。曹爽兄弟两个一直在犹豫，即使前进的方向都已经被桓范明确指出来了，居然还拿不定主意。

熬到天亮，曹爽终于拿定了主意，他解下佩刀扔在地上，决定交出权力，只求司马懿保留他的荣华富贵即可。冒着生命危险出来帮忙的桓范当场崩溃，放声大哭："曹子丹佳人，生汝兄弟，犊耳！何图今日坐汝等族灭也！"桓范的意思是，曹子丹（曹真）一代英雄，怎么就生出你们这几头蠢猪？我算是瞎了眼，要陪你们一起被灭族了。

无论桓范如何痛哭，曹爽已经打定主意，把司马懿弹劾自己的奏章转给了皇帝曹芳，请曹芳免去自己的一切职务。

当曹爽解下自己印信的时候，他的主簿杨综还出来劝了几句："公挟主握权，舍此以至东市乎？"意思是，您现在掌握天下大权，难道真的要主动放弃去送死吗？可曹爽脸上还是一片木然，这一切都是司马懿最愿意看到的。

等曹爽回到家里，司马懿立刻派人包围了曹爽的府邸，并且在府邸四角立起了高楼，居高临下地日夜监视他的活动。这个时候曹爽才发现，在城外那段时光反而是比较安宁的。只是他还心存幻想，希望司马懿能网开一面。

曹爽决定试探一下，他声称自己粮食不够了，向司马懿要求救济，司马懿很有人情味地把食物送了过来。曹家兄弟很高兴，认为司马懿不想赶尽杀绝。其实，司马懿之所以没有立刻动手，是因为不想让别人说自己背信弃义。反正曹家兄弟已经成了瓮中之鳖，解决他们只是早晚的问题。

司马懿的阴招

想来想去，司马懿最后决定找黄门张当下手。这个人和曹爽兄弟的交情不错，而且级别不高，就算搞砸了，也不用担心出什么大问题。在严刑拷打之下，张当只能屈服于对方的要求，对方想听什么，他就说什么，比如曹爽和何晏等人准备在三月谋反。现在证词已经有了，司马懿就可以抓人了。于是，在自己家里连走路都没有自由的曹爽兄弟及他的党羽们统统被连根拔起。

根据《魏氏春秋》记载，曹爽集团被连锅端时，还留了一个人，就是何晏。对何晏这种人，司马懿原本是很憎恶的，但是他是赢家，便想要戏弄一下何晏，让何晏来主持审理这一次的"谋反大案"。

司马懿表面上很客气，暗示何晏要给他一个机会，如果他能好好表现，揪出所有叛党，就能表明你的清白。何晏原本以为自己死定了，没想到天上掉下一根救命稻草，自然要卖力表现一下。

为了救自己这条命，何晏铁面无私，对以前的狐朋狗友们穷追猛打。在开始之前，司马懿还专门给了他任务指标，就是要杀掉八个曹爽的党羽。审讯很快就出结果了，何晏报上来的名单有七人，但司马懿觉得不够，我给你的是八个人的指标，怎么能少一个人呢？何晏惊恐万状，难道还有自己不成？司马懿那边露出了冷笑，何晏猜对了。最后，曹爽兄弟还有他们主要的党羽被一网打尽，全部诛杀了。

之前那个匆忙出城、为曹爽献计献策的桓范也老老实实地跟着皇帝曹芳回城了。曹芳还是很欣赏他的，想让他官复原职，桓范也以为自己没事了，便拜谢了皇恩。没想到有人把桓范之前说司马懿造反的事举报了，司马懿当然很生气，命人也把他抓起来杀掉了。

这事儿解决完，司马懿最大的政敌也就没了，司马家成功掌握了整个魏国的朝政。魏国从此时开始一步步进入到司马时代。至于皇帝曹芳，他的命运并没有多大改变，依然是权臣手里的棋子，只不过以前听曹爽的，现在听司马懿的。

有人说司马懿好像没什么野心，因为曹芳想封他为丞相，他坚决推辞了；曹芳想赏他九赐，他也谦虚地推辞了。如此低调的作风，说明他只是想取代曹爽而已，并不想取代曹魏政权。这一点只能说，司马懿可能是在学曹操，逐步架空皇帝。虽然司马懿自己不当，但把夺权的任务留给了自己的儿子。

司马懿掌权之后，逐步安排自己的儿子们进入核心领导层。他病逝以后，儿子司马师更是跃升为大将军，曹魏政权实际上已经名存实亡了。

第八章

曹魏政归司马家

淮南三叛（一）

司马家族想通过一次政变完全掌握朝政不是一件容易的事情，毕竟私底下不服的人很多，所以表面上风平浪静的魏国实际上暗潮涌动。最精彩的要数驻守淮南地区的三个统帅，先后发动了三次反抗司马家族的军事行动。史书把这三次事件称为淮南三叛，也叫寿春三叛。

第一叛的主角叫王凌。王凌，字彦云，太原祁（今山西省祁县）人，东汉司徒王允之侄。这个人本身和司马家的关系是不错的，他和司马懿的哥哥司马朗，还有贾逵都是好朋友。曹叡去世的时候，王凌为征东将军，假节都督扬州军事。曹爽对王凌是积极拉拢的，提升他为车骑将军，后来又提升他为司空。曹爽这么看重自己，王凌当然也把自己看成是曹爽的人。

司马懿诛灭了曹爽集团后，王凌立刻感到了危险，他怕司马懿搞株连，于是联合外甥兖州刺史令狐愚，想谋立楚王曹彪为皇帝。不过事实证明，王凌的担心是多余的，司马懿虽然工于心计，善于权谋，但也不至于看谁不顺眼就修理谁。事实上，司马懿一开始对王凌是非常友好的。有一次，司马懿问蒋济，王凌这个人才干如何。蒋济回答说王凌文武具备，当世无双。看位高权重的蒋济如此夸赞一个人，司马懿当然要重用他了。就在高平陵事变以后，司马懿把王凌提升为太尉。

虽然有蒋济的推荐，但司马懿是非常狡猾的，他一边提拔王凌，一边也在小心地防备王凌。这一次王凌另立新君的行动司马懿之所以事先没得知，是因为王凌和他的外甥保密工作做得相当不错。

魏嘉平十年（249）九月，令狐愚遣亲信张式以监察亲王为名，赴楚王曹彪家拜访，对曹彪说："使君谢王，天下事不可知，原王自爱！"王凌的这个另立新君的宏伟计划正式迈出了第一步。

十一月，令狐愚再次派张式拜访楚王曹彪。令人没想到的是，还没等张式回来，令狐愚就病死了。令狐愚的手下杨康当时正在首都洛阳司徒府汇报工作，听说令狐愚病死了，他突然觉得自己立功的机会来了，于是立刻向司徒高柔举报，揭发王凌、令狐愚意图另立新君的阴谋。来不及细想，高柔立刻向司马懿汇报了这件事。得知自己提拔的王凌居然有这种大逆不道的企图，司马懿相当震惊和愤怒。

当时王凌已经成为太尉，位列三公，要处理他必须有过硬的证据。司马懿手头没有现成的，一时也拿王凌没办法。为了拿到证据，司马懿派亲信黄华去当兖州刺史，目的就是暗中监视王凌。不过，王凌对于杨康告密的事一点都没有察觉，依然在积极筹备政变计划。王凌喜欢占卜，他通过星象八卦得到一个好消息，说"荧惑入南斗，当有王者心"，这不就意味着自己另立新君的事情必将取得成功吗？

到了魏嘉平三年（251）春天，王凌的机会终于来了。吴国孙权犯界，王凌立刻要求朝廷下发虎符，让自己率领扬州大军攻击孙权。司马懿知道很明显这是个幌子，王凌的真实意图是把扬州大军纳为己有，然后发动政变，当然没有允许。王凌却偏偏不死心，派了心腹杨弘去说服新来的兖州刺史黄华。王凌没想到的是，黄华是司马懿派来监视自己的，杨弘不仅没有说服黄华，反而被黄华说服，两个人联名上奏司马懿，说王凌即将反叛。

魏嘉平三年（251）四月，司马懿调集人马沿水路南下，直指王凌的大本营寿春。不过，他并没有直接开战，而是先下达赦令，免了王凌之罪，然后又写信，好生劝慰王凌。王凌虽然知道自己凶多吉少，但多少还是有点侥幸心理，正犹豫着，司马懿的大军已经开到了。王凌知道大势已去，只能乘船出去向司马懿投降。司马懿派了六百人把王凌一直押回洛阳。半路上，王凌还想试探司马懿的意思，就开口向押送自己的那些士兵要一些钉棺材板的钉子。司马懿知道他是想试探自己的心意，就让人找了钉子给他。看到这些钉子，王凌脸皮再厚也知道怎么回事了，他最终选择服毒自杀。

王凌人是死了，但司马懿还觉得不满意，又把王凌的尸首暴尸三天，并且将王凌的外甥令狐愚的尸体也挖出来示众，参与政变者统统诛灭三族。那个倒霉的楚王曹彪，王凌另立新君的计划本来不关他什么事[①]，可即便如此，他也被逼着自杀了。

有人说，淮南一叛中，司马懿处理最成功的是把政变消灭在萌芽状态，但实际上最厉害的是司马懿做的后续措施。同年六月，司马懿把楚王曹彪处死之后，又扩大了打击面，下令把曹魏的各个王公统一安置，派出

---

① 据《魏略》，楚王曹彪其实明白令狐愚的意思，还暧昧地回答："谢使君，知厚意也。"

专门的官吏监视管理，不许他们和其他人交往，这就相当于软禁了他们。司马懿的这种做法以前只是对付曹爽这种权臣而已，现在终于有了王凌谋反的借口，便开始把血淋淋的刀口对准所有曹家人了。

淮南三叛的第一叛就这么落幕了。同年八月，司马懿也扛不住岁月的煎熬，与世长辞。在他生前，魏国的江山已经被司马家族控制，而在他死后，魏国的江山将彻底属于司马家族。

司马懿去世以后，接班的是他的长子司马师。司马师继承了父亲过去的抚军大将军的职务继续执政。司马师为人沉着，有雄才大略，而且名声很好，与当时名噪一时的夏侯玄、何晏齐名。

曹芳的挣扎与曹髦即位

对于魏国皇帝曹芳而言，老爸曹叡指定的两个托孤大臣都不太靠谱。曹爽想大权独揽，司马懿野心勃勃。从一开始，他就是空架子。到司马懿去世这一年，曹芳已经二十岁了。现在曹爽死了，司马懿也死了，原本想着自己终于可以大权独揽了，但没想到接班人司马师把自己盯得更紧，曹魏的力量越来越单薄。曹芳不是傻子，他不想坐以待毙。现在他唯一的方法就是把司马师除掉，只要除掉司马师，这个帝国就还是姓曹。到底该怎么做才好呢？必须找人帮忙。好在司马家虽然控制了朝廷，但不是所有人都愿意跟着他干，曹芳很快就找到了几个知己，即中书令李丰、光禄大夫张缉和太常夏侯玄。

这三个人都是有背景的皇亲国戚。张缉是凉州刺史张既的儿子，而且也是当今皇帝曹芳的老丈人。夏侯玄是大将军曹爽的表弟，其母是魏武帝曹操的义女。李丰的儿子李韬娶了魏明帝曹叡之女齐长公主。李丰几人一向看不惯司马师兄弟俩，再加上皇帝都亲自找上门了，自然愿意效劳。双方一拍即合，谋划了一下，打算积蓄力量，搞一次政变。

但是说得容易，做起来难，真要搞政变，手头必须得有自己的队伍。还好李丰的弟弟李翼是兖州刺史，手里是有兵权的。于是，李丰一面和皇帝密谋，一边写信给弟弟，让弟弟想办法带兵进入首都，一起举事。李翼按照哥哥的要求，找了个借口要求入朝，但司马师那边没有批准。实际上，这个时候司马师已经开始对李丰兄弟特别留意了，只是李丰他们浑然不觉而已。虽然谈话的内容未尽可知，但是对司马师这种搞阴谋的老手来说，一看就明白了。

魏嘉平六年（254）二月的一天，司马师突然召见李丰，问他到底在和皇上商量些什么。李丰怎么可能说真话，只是绕圈子，说和皇帝主要聊一些家务事。司马师知道这一趟是问不出什么名堂来了，恼羞成怒，居然把刀抽出来，用刀把上的铁环捶死了李丰。司马师还不解气，命令人把李丰的尸首送交廷尉，让他们严格执法。廷尉们也很聪明，立刻开始搜捕李丰的同党。最后的结果是所有主要参与者，包括夏侯玄、张缉，及黄门监苏铄、永宁宫署令乐敦、冗从仆射刘贤等被全部缉捕归案，同时被灭三族。

要说这帮人当中最无辜的应该是夏侯玄了。事实上，没有明确证据表明他参与过曹芳、李丰的密谋。对于这次政变，他最多是一个同情者，而不能算是一个知情者。夏侯玄被抓，原因竟然是曹芳和李丰看好他。

之后，司马师找钟毓来主持审判夏侯玄。夏侯玄知道自己无辜，但也深知自己必死无疑，所以根本没打算回答钟毓任何问题，也不想托人去求情。其实，夏侯玄和司马师之间还有一层非常亲密的关系，司马师是夏侯玄的妹夫。不过，夏侯玄并不认为司马师会看在去世的妹妹的面子上放过自己。

老实说，钟毓也不想对夏侯玄这样的名人上刑，一来于心不忍，二来传出去自己的名声也不好听。可是上面催得紧，不逼出个口供来不好结案，于是他索性让人搞了一份冒充的审讯记录，请夏侯玄在上面签个字就完了。夏侯玄知道自己死罪难逃，就签了这个字。最后，时年四十六岁的夏侯玄走上刑场，坦然赴死。

等李丰等人都死了，还有一个人继续活在煎熬中，他就是曹芳。九月，驻扎在许昌的安东将军司马昭奉命向西开去，应付前来挑战的姜维大军。临走前，按礼仪司马昭要来向皇帝辞行。这时候有人给曹芳出了个主意，那就是趁司马昭前来觐见的机会，把他杀了，然后利用他的军队攻击司马师，这样就可以一石二鸟了。

曹芳对此并不看好，这个主意看起来更像是一个赌局，结果只有两种，要么玉石俱焚，要么获得新生。但司马师兄弟的警觉性很高，比起司马懿来说不会差多少，能不能把兄弟俩同时拿下还是个未知数。所以，曹芳根本不敢付出行动，他只想把这事儿悄悄压下来，以后再找机会。可惜的是，曹芳不想惹事，可事情偏偏找上了他。

魏嘉平六年（254）九月十九日，司马师以郭太后的名义召集文武百官，当众宣布曹芳的罪状，说他不配当一国之君。司马师实力之强劲，口气之强硬，没人敢反对，会场一片寂静。于是，本次大会迅速得出决议，废掉曹芳，报郭太后备案。

这个时候，郭太后还和曹芳在后宫聊天，他们不知道司马师在前面召开会议的事。司马师那边很快派来了特派员，这个人正是郭太后的堂叔郭芝。郭芝对曹芳说："大将军欲废陛下，立彭城王据！"曹芳当时很惊愕，不过他很快明白了，也就认命了。郭太后看了看自己的堂叔，知道大势已去，只好乖乖地把印信掏了出来。

任务圆满完成，司马师那边很高兴，派人把齐王的印信交给了曹芳。曹芳一看，知道这已经是自己能得到的最好结果，再挣扎恐怕连这个待遇都没有了，于是凄惨地和郭太后告别，离开洛阳做自己的王爷去了。

按照既定方针，彭城王曹据应该成为新皇帝。但有一个问题，曹据是曹操的小儿子，曹叡的叔叔。按辈分上来说，曹叡的老婆郭太后要称曹据为叔叔。如果曹据成为新皇帝，不仅说明曹叡一系断子绝孙，还让活着的郭太后身份尴尬。对此，郭太后是无论如何都接受不了的。既然曹据不合适，那选谁好呢？郭太后想了想，终于挑了一个人选，那就是曹叡弟弟东海王曹霖的儿子、高贵乡公曹髦。司马师知道，无论选谁上去，都一样得听他的，就决定给太后留点面子，同意选曹髦来当魏国的新皇帝。于是，魏嘉平六年（254）十月五日，十四岁的曹髦正式即位，同时改元正元。

淮南三叛（二）

曹魏帝国这时已经慢慢向西晋帝国过渡。虽然司马家已经掌握了魏国的大权，但是曹家的忠臣们反抗起来也是相当激烈的。到魏正元二年（255），淮南三叛的第二叛开始了。这回的主角不是一个，而是两个，分别是文钦和毌丘俭。

　　文钦打仗时很英勇，但他有个毛病，就是好大喜功，喜欢虚报战绩。以前曹爽比较好忽悠，可是到了司马师这儿就不一样了。司马师对于文钦的邀功理都不理，让文钦心里很不痛快。而且，文钦还是曹爽的老乡，和曹爽关系不错。高平陵事变虽然没有牵连到他，但是他看到了曹爽的下场，心里相当恐惧。

　　毌丘俭的情况和文钦略有不同。虽然毌丘俭立下了一些军功，但在魏国政坛中并不如意，原因就在于他有两个好朋友，分别叫夏侯玄和李丰，他们都死在了司马师的手中。好朋友死于非命，毌丘俭就更没安全感了。

　　两个人都没什么安全感，很快就有了共同语言，坐在一起聊天之后，他们发现其实并不是没有解决办法，干掉司马师，自己不就踏实了吗？要说一开始毌丘俭胆子还是比较小的，但他的儿子毌丘甸胆比较肥，拼命鼓励老爸勇敢一点，最终让毌丘俭坚定了反叛的决心。

　　到魏正元二年（255）正月，年还没过完，毌丘俭和文钦就在寿春宣布举兵讨伐司马师。吴国知道毌丘俭叛乱后，由丞相孙峻率领骠骑将军吕据、左将军会稽留赞领兵到寿春支援。当然，光有吴国的力量毌丘俭觉得还不够，他还准备拉拢镇南将军诸葛诞。毌丘俭找诸葛诞的理由很简单，自己是夏侯玄的朋友，诸葛诞也是夏侯玄的朋友，朋友的朋友应该也算是朋友。可是毌丘俭想错了，诸葛诞接到毌丘俭的邀请，二话不说，直接就把那个倒霉的使者砍了，把使者的脑袋还有相关的材料送到司马师那边邀功去了。

　　毌丘俭知道后心都凉了，看来随便拉人也不妥，就和文钦正式拉起了反叛大旗。两个人手下合计有五六万人，一路向西挺进到了项县，毌丘俭负责守住大营，文钦负责当先锋。

要说这个时间挑选得是比较合适的，因为司马师刚刚得了重病，痛苦程度可想而知，这个时候又听说淮南再叛，心里面也慌了。尽管自己并非菜鸟，可毌丘俭、文钦两个人是以战功出名的，这两人联手五六万人反叛，肯定不好对付。

基于这种情况，司马师把河南尹王肃叫来了。王肃微微一笑，说道："昔关羽虏于禁于汉滨，有北向争天下之志，后孙权袭取其将士家属，羽士众一旦瓦解。今淮南将士父母妻子皆在内州，但急往御卫，使不得前，必有关羽土崩之势矣。"王肃对于这次反叛并不太担心，他认为只需要学习吴国孙权善待关羽军属的做法，那么当年荆州之叛必然能重现，他们的队伍很快就会土崩瓦解了。

对于这些，司马师和王肃很快达成了一致，但是有一点小分歧，就是谁当这个统帅比较合适。本来按照司马师的想法，最合适的人选是叔叔司马孚。但是王肃和尚书傅嘏、中书侍郎钟会等人劝司马师亲自领兵征讨，因为毌丘俭、文钦的实力不弱，如果前线将领战斗失败，就会对司马师的地位产生威胁。司马师顿时醒悟了，他立马召集大军集结。

综合手下将领的意见以后，司马师立刻做出了以下部署：第一，派监军王基率领前锋驻扎在南顿，对毌丘俭、文钦进行监视。第二，派诸葛诞带领豫州兵进攻毌丘俭、文钦的老巢寿春，阻断吴国派来的增援力量。第三，派征东将军胡遵带领青州兵、徐州兵从谯、宋之间出击，切断毌丘俭、文钦从项县回寿春的路。司马师自己则亲率主力屯驻汝阳，随时准备决战。

更重要的是，司马师不但有"三板斧"，还有一支后备军。这支后备军的领军人物就是后来的伐蜀名将邓艾。邓艾是在司马懿的手下一步步成长起来的，等司马师接班了，邓艾依然得到重用，成功转型为地方的军事大员，目前已经是兖州刺史了。本来这次叛乱的事跟邓艾没关系，可偏偏毌丘俭起事的时候也找了邓艾。邓艾接到毌丘俭的信以后，反应和诸葛诞是一样的，当场就把信使杀了，并且率领一万人赶到了司马师身边。

邓艾的突然出现让毌丘俭恼羞成怒，于是，毌丘俭让文钦出击，先把邓艾杀掉再说。司马师这边收到线报以后，第一时间秘密指挥骑兵突然出现在乐嘉城，这个地方是邓艾部队的宿营地。文钦万万没想到，对方两支部队居然如此迅速地会师了，他事先的部署完全被打乱。这时，文钦的儿子文鸯站出来了。文鸯只有十八岁，用少年英雄的气概对老爸说："及其未定，击之，可破也。"看到儿子这么有信心，文钦同意试一试，于是父子二人决定兵分两路，夜袭司马师大营。

少年英雄文鸯率领敢死队，一马当先地冲入司马师大营，见人就砍。那些半梦半醒的士兵手忙脚乱之下，根本组织不起有效的抵抗。最惨的要数司马师本人了，突然在夜里受到惊吓，气血上涌，原来受伤的地方一下子爆裂了，生命危在旦夕。现在营外这么乱，稳定军心非常重要，所以司马师立刻把被子捞起来，用嘴紧紧咬着，始终没吭一声！

好不容易熬到了天亮，文鸯虽然勇猛，但他带来的敢死队本来人数就不多，再加上原计划赶来会合的文钦迟迟未到，对付众多的司马师大军就有点力不从心了，便决定马上撤退。这时文钦才姗姗来迟，但也只能跟着撤退了。可文鸯却不同意走了，他的理由是，敌人在屁股后面追着来了，这么跑会输得更惨，只有回头来一个痛击，才能摆脱这帮人。

于是，文鸯让老爸先走，自己带着几十名勇士，一口气杀入敌阵，狠狠冲杀了一阵子，才大摇大摆地回军。司马师得知详情后大怒，当即命令左长史司马班率八千骑兵分两路左右包抄，务必把文鸯拿下。文鸯一看，热情高涨地直接反身迎接追兵。更可怕的是，冲过来的文鸯居然毫无惧色。

这场战斗的结果也真是骇人听闻，八千人的队伍对付一个十八岁的文鸯居然没办法！魏军死伤了一百多人，愣是没把文鸯抓住，还让他轻轻松松地走了，这些追兵一下子心全凉了。更让他们没想到的是，文鸯居然又杀回来了，而且不是一次，而是六七次。最后，文鸯心满意足地走了，旁若无人，虎虎生风。

虽然文鸯表现得十分勇猛，但毕竟他们的整体实力跟司马师的军队差了很多，所以即使有了这个插曲，对最终的结果也没有造成太大的影响。此时，司马师手下有个人站出来，自告奋勇去游说文钦投降，这个人就是尹大目。司马师想了想，便同意了。

司马师不知道的是，尹大目自告奋勇是有他的小算盘的，他实际上是心属曹家的。在高平陵事变的时候，尹大目接受司马懿的命令，去劝说曹爽，只是为了恢复以前和谐的局面。没想到司马懿不仅彻底夺了权，还把曹爽那帮人统统诛杀了。直到那时，尹大目才看出司马家族的本来面目。现在，在尹大目看来，司马师命不长了，等他一命呜呼，文钦他们的机会就来了，所以尹大目是抱着这个目的去见文钦的。

尹大目见到文钦后，说得很隐晦："君侯何苦不可复忍数日中也！"尹大目的意思是，你先投降过来，等司马师死了以后，不就有机会了吗？文钦对这番话只听懂了一半，这一半就是你让我投降，但司马师命在旦夕的事情，文钦是不知道的。所以他的反应是破口大骂："汝先帝家人，不念报恩，反与司马师作逆，不顾上天，天不佑汝！"尹大目被文钦狠狠批评了一顿，知道再说什么都没用了，只好无奈地离开。

那边毌丘俭知道文钦退回来了，思前想后，决定先保存实力，走为上计。于是，他招呼也不打一声，带兵先撤了。后来，司马师很快控制了寿春，毌丘俭的撤离变成了溃逃，军心一下子就散了。

文钦回来一看，留给自己的只是一座空城。文钦父子原计划折回寿春再做打算，可是寿春现在已经被诸葛诞攻克了。这一下，魏国土地上再也没有地方容纳文钦父子俩了，还好之前他们曾经和吴国有过沟通。于是，文钦父子一口气跑到建业，投奔了吴国。

魏正元二年（255）的这次叛乱虽然没有取得预期效果，但文钦父子好歹保住了性命。毌丘俭就不一样了，他做了一个逃跑将军，下场很惨。在逃亡的路上，毌丘俭身边的人都知道跟着他没什么盼头，慢慢地，逃跑将军就变成了光杆司令。司马师这个时候已经布下了天罗地网在等着他，有个叫张属的百姓碰上了已经奄奄一息的毌丘俭，把他杀了后就去朝廷邀功了。

毌丘俭一死，标志着淮南三叛的第二叛落下了帷幕。当然，司马师的运气也没好到哪里去。回到许昌后不久，他的病情就加重了。临死之前，司马师把政务托付给了弟弟司马昭，魏国正式进入了司马昭时代。

淮南三叛（三）

魏正元二年（255）闰正月二十八日，司马师病逝。这一切来得太快，司马昭还未回过神，就已经开始打理朝政了。第一个来找麻烦的，也是最大的麻烦，就是曹魏帝国的第四任皇帝曹髦。他虽然年纪小，但是很明白自己的处境，不想像曹芳一样等着别人来摆布自己，而是想努力抗争。现在司马昭不在首都洛阳，而在许昌，或许这就是他最好的机会了。于是，曹髦不动声色地给尚书傅嘏下了一份文件，大概意思是说东南刚刚安定下来，需要有一员得力干将坐镇许昌，司马昭显然是最合适的人选，你就把司马昭的兵马带回首都洛阳述职吧。

如果是一般人看到这样一份文件，应该不会觉得有什么问题，事实上这份文件却隐含着很深的政治动机。如果司马昭驻守许昌，就成了一名地方大员，无法再插手朝廷的事务了。而让傅嘏把兵马带回来，不就等于釜底抽薪，剥夺了司马昭的兵权？这是相当厉害的一招，十五岁的孩子能想出这个方法，已经很不简单了。

但是，有个问题曹髦无法绕过去，那就是这些年来，留在魏国朝廷里的基本上都是司马氏的铁杆支持者，真正支持曹家的是少数派，而且已经没什么实力了。现在司马家身边不仅有邓艾、钟会、贾充，甚至还包括傅嘏。所以，曹髦把这份文件交给傅嘏时，傅嘏立刻找钟会商量，结论就是绝对不能听这个小皇帝的安排，自家领导司马昭必须立刻启程赶往首都洛阳，不能留在许昌。

因为情况紧急，司马昭决定特事特办，在向皇帝上书陈述自己必须回京的理由后，也不等批示，就直接拍马回洛阳去了。曹髦那边根本没来得及反应，司马昭已经准备好给皇帝请安了。到魏正元二年（255）二月初五，曹髦下诏升司马昭为大将军，录尚书事，主抓朝政事务。也就是说，司马昭继承了哥哥司马师的一切，包括地位、权力，还有野心。

这样一来，让更多原本支持曹家的人看透了司马家的真面目，这些反对派准备继续挣扎一下。这回反叛的主角变成了诸葛诞，就是那个拒绝和毌丘俭合作，并且把对方使者杀掉的诸葛诞。

实际上，毌丘俭、文钦的叛乱被平定后没多久，诸葛诞就因为平叛有功，荣升征东大将军。虽然立场是好的，领导是好的，政策也是好的，但诸葛诞本人却不这么想，因为他和之前的王凌一样缺乏安全感。他想到了好友夏侯玄，觉得必须为自己留下一条后路。

于是，诸葛诞一方面变卖家产，救危扶困，笼络人心；另一方面，他养了很多侠客、死士作为自己的贴身卫队，以备不时之需。诸葛诞也知道自己的力量是有限的，于是，向上打报告说，寿春是吴国进攻的要冲之地，需要增加十万兵力。

对于诸葛诞的增兵请求，司马昭的想法和他的老爸是一样的，他觉得这件事情还需要进一步的调研。没过多久，司马昭就把心腹贾充派到前线去了，他的主要任务就是判断诸葛诞这个人是否可靠。当然，贾充这次的巡视不是单一的，而是一系列走访当中的一环。司马昭从哥哥手里接班以后，已经在考虑如何彻底代替曹魏政权了，所以他必须对那些掌握兵权的四征将军进行摸底，搞一次民意调查，看看他们到底支持谁。

根据司马昭的指示，贾充先到淮南见诸葛诞，聊着聊着，贾充开始假装不经意地说："洛中诸贤，皆愿禅代，君以为如何？"诸葛诞一点不懂掩饰，当时脸色就变了："卿非贾豫州子乎？世受魏恩，岂可欲以社稷输人乎！若洛中有难，吾当死之。"这句话中的贾豫州就是指贾逵。诸葛诞是在质问贾充，你是贾逵的儿子，贾家世受皇恩，怎么能说出这种大逆不道的话？如果洛阳真有什么动静，我愿意以死相报。这一下轮到贾充愣住了，他只能支支吾吾地干咳几声，也不辩论，匆匆忙忙地跑回洛阳了。

不用说，这事儿上报以后，司马昭立刻把诸葛诞划入了黑名单。既然已经定了性，贾充和司马昭下一步就该商量如何把诸葛诞处理掉了。贾充认为，诸葛诞这样忠于曹魏的实权人物，不能一棍子打死，只能"软着陆"，征召他回首都，给个闲职，再逐步削掉他的兵权。当然诸葛诞是个聪明人，他一定会反叛。现在反叛灾祸可能比较小，若是未来他成了气候，后果将难以预料。司马昭觉得贾充分析得很有道理，便下了一份文件，征召诸葛诞为司空。司空官职不小，是国家的核心领导人，可实际上没什么权力，是典型的明升暗降。

一看司马昭先动手了，诸葛诞吃惊不小，进京不就等于自投罗网吗？唯一的活路就是反叛。其实，诸葛诞起兵优势不小，可以这么说，淮南三次叛乱中，诸葛诞的起兵资本是最雄厚的。当时集结在淮河南北从事屯田的部队有十万人，最新征召的新兵有四五万人，合起来总数比蜀国全国的军队还要多。但诸葛诞还觉得不够，他觉得自己需要外援，外援当然指的是吴国了。

虽然当时吴国政局乱得很，但是不管谁上台，只要提到要打魏国，个个都是兴趣满满。所以，诸葛诞觉得找吴国人准不会错，他一方面拿涉嫌告发自己的扬州刺史乐綝开刀，另一方面，派长史吴纲带上亲生儿子诸葛靓和牙门将的子弟到吴国当人质，向吴国拱手称臣，争取他们的支援。

吴国答应了诸葛诞的要求，抽了六万人，兵分两路支援诸葛诞。一路让全端、唐咨等人与文钦同时出发，增援寿春；一路由朱异带领，在安丰郡附近与诸葛诞互为掎角之势。

魏甘露二年（257），淮南三叛的第三叛正式开锣。诸葛诞的叛军有十四五万人，加上吴国的支援部队六万人，合在一起约二十万出头。从兵力上来说，诸葛诞已经"富可敌国"了。司马昭确实有点担心，这回对方真的是来玩命的，如果处理不好，可能会有灭顶之灾。司马昭决定倾全国之力对付眼前的这次叛乱，除了在西线对付姜维的部队不能调动之外，其他全国能调的兵力、能拉动的部队，全部都推到淮南前线去了。

除了调集尽可能多的部队之外，司马昭还特意把皇帝曹髦和郭太后也带上了，有这两个人质在身边，就等于有了两枚护身符，料想自己身边那些反对派即便想跟着诸葛诞闹事，也闹不出太大的动静。

寿春围城

考虑到诸葛诞联军的力量分布，司马昭决定针锋相对，各个击破。司马昭任命镇南将军王基为镇东将军，让他和安东将军陈骞一起包围寿春。没想到吴国的动作很快，文钦、唐咨他们趁着王基包围圈还没合拢，沿着城北八公山突入寿春，与诸葛诞成功汇合，寿春城里一下子集结了十七八万人。

王基很有头脑，也很有胆量。在他看来，对方人多也不用怕，不能太过保守地陈兵于一个点，应该实行全面围城的策略。于是，他下令部下开始挖堑壕，同时自己的营寨也加高加固，就算对方真的突破封锁线来到营寨前，也对自己没什么办法。

面对王基的层层防线，城里的文钦突然发现，当初自己选择不顾一切冲进城来，好像是自钻牢笼，死守寿春就等于坐着等死！所以，当务之急就是突围。于是，文钦带队出击了，可是最佳出击时间已经过了。王基修的工程实在太牢固了，文钦他们试了好几次，始终无功而返。

此外，吴国的支援也是非常积极的，像朱异就非常主动地由安丰郡向寿春靠拢。不过他的运气不太好，在他向北行进到阳渊地区的时候，遭到魏兖州刺史周泰的强力狙击，白白折损了两千人。

两路进军都出师不利，让孙綝感到非常恼火。孙綝，字子通，是吴国宗室，也是吴国著名的权臣，官至大将军。魏甘露三年（257，吴太平二年）七月，他决定亲自带队增援，并且命令朱异率领将军丁奉、黎斐等人等前往寿春解围。朱异把粮草辎重留在了都陆，打算自己带队快速挺进寿春。但是现实很残酷，朱异途中又遇到了周泰，而且再一次被揍得鼻青脸肿。更为糟糕的是，后方都陆被魏泰山太守胡烈偷袭，粮草一下子全没了。打了败仗的朱异，只能狼狈不堪地逃回了孙綝的大本营。到了九月，孙綝大军再也坚持不下去了，只能被迫退回建业，寿春城的最后一丝希望像泡沫一样破灭了。

但对于司马昭来说，却是柳暗花明又一村。之前他担心吴国和诸葛诞两路夹击，现在吴国的援军逃跑了，只剩下寿春城里的诸葛诞等人孤军奋战，这可就好办多了。等里面的人把粮食吃光了，精神耗垮了，胜利不就来了？

因为寿春城里还不知道吴国已经撤军，所以司马昭开始散布消息说，吴国援军很快就能赶到，魏军粮食已经不多，在寿春城外待不了几天了。这条假新闻的作用很明显，直接导致寿春城里出现了一个严重问题。大家都知道城里人多粮食少，粮食一直是按计划供应的。现在得知城外有援军，粮食供应就开始放松了，粮食的消耗速度直线上升。

等过了些日子，诸葛诞才发现，之前传来的消息全都是子虚乌有，吴国援军早已战败回国。而且城外司马昭的部队丝毫没有想撤的意思，更要命的是，城里粮食已经消耗得差不多了。在这种情况下，城里的人分成了两派：一边属于激进派，主要以诸葛诞的部将蒋班和焦彝为代表。他们认为，朱异被杀，孙綝撤军，充分说明外援无望，既然寿春守不住了，不如突围。一边属于保守派，以文钦为代表，他对吴国援军还抱有希望，劝诸葛诞固守待援，理由是城里还可以再坚守一年。

诸葛诞的脑子很乱，撤退和坚守都有道理，实在很难选择。考虑半天，他还是觉得突围风险太大，于是下定决心坚守。可是蒋班和焦彝却觉得在这里守城横竖都是个死，不如自己冲出去找活路。于是，这两个人居然跑到城外，投奔司马昭去了。

即便是这样，司马昭也没有选择进攻。他和司马懿一样，都是隐忍的高手。司马懿当年在五丈原熬死了诸葛亮，此时司马昭的对手比诸葛亮差多了，所以司马昭相信只要有耐心，胜利最终会属于自己。选择在最恰当的时机，以最小的代价解决对手，这就是司马昭的算盘。

当然，除了围城，司马昭也不是什么事都没干，他也没忘了去挖对方的墙脚。比如，伪造刚刚投奔过来的吴将全辉和全仪的书信，交给城里的全怿。结果，全怿和侄儿全端居然带了几千人打开城门投降司马昭了。

一看离间计成功了，司马昭大喜，为了树立品牌形象，他大赏有功之臣，全怿被封为平东将军、临湘侯。虽然投降的人数不多，但是造成的影响很大。尤其是在双方僵持阶段，一方投降也就意味着这方军心的瓦解。

现在的司马昭是不怕熬的，最多是牺牲一点时间。而城里人就不一样了，眼瞅着身边的粮食一天天减少，他们是害怕熬的。很快，守城的将士们都要崩溃了。看到这幅场景，只要领过兵、打过仗的人都知道，再不采取措施，士兵就会哗变，局面就会崩盘了！于是，文钦一改过去的保守战法，提出应该趁敌人防备松懈之际快速突围。遗憾的是，他一连突围了几次都没有成功。

回到城里后，文钦提议，反正都是耗粮食，干脆把百姓赶出去，只剩军人在城里，不就可以省下很多粮食了吗？可诸葛诞不听，甚至怀疑文钦这么说是别有用心，居然下令处斩了文钦。文钦的两个宝贝儿子都在城里，知道老爸无缘无故被杀，兄弟俩一合计，也出城投靠司马昭去了。

按说对于文鸯这种人，司马昭应该狠狠处罚，可是身为政治家的司马昭没有感情用事，而是做起了统战工作。司马昭不仅对文鸯兄弟俩大加封赏，而且还让他们带上骑兵，跑到城下进行现身说法。

城里人一看，原来司马昭是个厚道人，连文鸯兄弟都可以放过。于是，城里几乎所有人都没有了打仗的欲望。司马昭也亲自跑到城墙底下观察了一番，发现守城的士兵手里虽然拿着弓箭，但箭头却指向地下，不愿意射出来。司马昭明白，现在就是进攻的时候了。

魏甘露三年（258）二月初，司马昭顺利攻克寿春，走投无路的诸葛诞出城逃亡，被胡奋手下的士兵杀死。第三次淮南之变，再一次以司马家的胜利告终。

司马昭之心

经过三次淮南叛乱，曹家反抗司马家的力量越来越弱，司马家通过一次又一次的战斗胜利，终于牢牢掌控了魏国的命运。现在司马家要做的事很简单，那就是向曹操学习，架空魏国。

此时，司马昭的人气指数直线上升，个人威望如日中天，势不可挡，远远压过了皇帝曹髦。可是，司马昭偏偏不想跨出这一步，司马昭和曹操一样没有当皇帝的打算，他要把取代魏国的任务交给下一代去完成，自己则需要为后人打好政治基础。

魏甘露三年（258）五月，因为平叛有功，曹髦封大将军司马昭为相国、晋公，封地八个郡。司马昭对此谦虚地表示，作为朝廷重臣，之前做的都是应该的，实在不值得表彰。但曹髦坚持认为大将军劳苦功高，小小奖励不成敬意。君臣二人一来一往，足足折腾了九次，司马昭总算推辞成功。随后，赏赐变成了增加封邑一万户，享受三县的租税。这次，司马昭终于接受了。

其实曹髦明白，自己这个由司马师册立的皇帝完全是个空架子。曹髦也是有血性的人，觉得自己不可以这样窝囊地过一辈子。从这个时候开始，他已经做好了未来某一天拼死一搏的准备，没想到这个机会第二年就来了。

魏甘露四年（259），魏国各地开始发生怪事，很多地方都报告说水井里发现了黄龙。当年刘备想称帝的时候，益州各地都出现了黄龙。几年以后，孙权想称帝了，吴国各地也出现了黄龙。现在魏国已经有皇帝了，还出什么黄龙？文武百官都觉得出现黄龙是大吉大利的事情，但曹髦却不这么认为，他有感而发，写了一首《潜龙诗》来自我讽喻，司马昭看后十分不满。

曹髦终于忍不住了，他决定要报复，拿回属于自己的东西。魏甘露五年（260）五月，二十岁的曹髦召集了侍中王沈、尚书王经、散骑常侍王业来商量这件事。

曹髦开门见山地说："司马昭之心，路人所知也，吾不能坐受废辱，今日当与卿等自出讨之。"曹髦的决心很大，但他不了解的是，现在朝廷上上下下基本都是司马昭的人了，个别忠于曹魏的人也手中没权，起不了多大作用。实际上这时的魏国已经不是曹氏的，而是司马家的了。所以，曹髦说完这番话后，那三个人没有热烈响应。

王经实话实说："昔鲁昭公不忍季氏，败走失国，为天下笑。今权在其门，为日久矣。朝廷四方皆为之致死，不顾逆顺之理，非一日也。且宿卫空阙，兵甲寡弱，陛下何所资用；而一旦如此，无乃欲除疾而更深之邪！祸殆不测，宜见重详。"王经这里引用了春秋时鲁昭公因不能忍受季氏专权，讨伐失败丢掉国家的故事，现在司马昭已经掌握政权很久了，朝廷里基本上都是他的人。而且宫中兵力十分弱小，如果贸然出兵，恐怕会招来更多的祸患。另外两个人只是呆呆地站着，各想各的心事，并没说话。

虽然这三位都不支持自己，但曹髦还是决定赌一把，他从怀里掏出早已经准备好的黄绸诏书，一把扔在地上，毅然决然地说："行之决矣！正使死何惧，况不必死邪！"一看曹髦有如此举动，王沈和王业觉得大事不好，赶紧跑到司马家报信去了。

与此同时，曹髦拔出宝剑，登上龙辇，带领手下的武士、奴仆呐喊而出。其实，曹髦手下满打满算也就几百人，几乎等于去送死。刚出宫门，曹髦一行人恰好碰到了司马昭的弟弟、屯骑校尉司马伷。司马伷手下有兵，皇帝那边手下也有兵。短暂的尴尬之后，曹髦的左右很快反应过来了，大声呵斥他们，皇帝在此，你们怎么敢挡着道！一听此言，司马伷的手下一哄而散，司马伷一看自己成了光杆司令，也赶紧溜了。

虽然司马伷溜走了，但曹髦真正的对手还在后头。司马昭的死党、中护军贾充知道了消息，带兵冲入南宫门，正好和曹髦的队伍撞上了。贾充和司马伷不一样，他是有备而来的，不像司马伷那样措手不及，所以冲上来以后双方直接开打。

双方一通乱战后，曹髦知道，再这么拼下去，自己肯定要吃亏了，于是蹭地一下拔出宝剑，大声喝令，让大家放下武器。贾充那边的手下一听，是皇帝在下命令，便心虚地住了手，放下武器，打算撤退。成济一看这种情况，赶紧问贾充应该怎么办。贾充眼一瞪，恶狠狠地骂他道："司马公畜养汝等，正为今日。今日之事，无所问也！"于是，成济抄起长矛，对准皇帝，直愣愣地刺了过去，一下子就把曹髦刺倒了，魏国皇帝就这么死了。

曹奂时代开始

曹髦死了。国家发生了这么一件大事，司马昭必须马上进宫办理善后事宜，于是他立刻命令全体文武百官回到宫中，马上参加会议，商讨国家大事。经过司马家父子两辈刻意的培训，朝中官员大都变得非常听话，但有一个人例外，就是陈泰。陈泰不想参加这个会议，司马昭便把他的舅父荀颢叫出来，出面劝说，非让他参加不可。陈泰的其他家属也来劝他要识时务，这个会议点名要他参加，不去影响不好。最后，陈泰终于想通了，同意出席这个会议。

陈泰到了，脸上的表情一看就知道，他是从心里为曹髦悲痛的。一看陈泰那副样子，司马昭再次开始表演了："玄伯，卿何以处我？"司马昭这么问，其实就是在惺惺作态。陈泰也不客气，他立刻表示，只有法办罪魁祸首贾充才能平民愤。

可是司马昭能同意吗？贾充是他铁打的心腹，他怎么可能忍痛割爱。于是，司马昭收起眼泪，开始对陈泰循循善诱了："卿更思其次。"司马昭的意思是，贾充不能动，他手下的那些人你想杀谁杀谁。可是陈泰想了想，坚持说："泰言惟有进于此，不知其次。"

司马昭看见沟通无效，便不再搭理陈泰。作为杰出的政治家，司马昭明白，要堵住天下人的嘴，这次事故的定性相当重要。皇帝被杀，自己是负有领导责任的。但如果这是一个昏君呢？那自己不但没错，反而还是为民除害。想到这里，司马昭马上让人搞了一份曹髦的黑材料，通过太后的名义发布出去。太后的诏命里公布了曹髦的种种罪状，并宣布撤销他的皇帝称号，降为平民，并且按平民的规格安葬。

不过，司马昭的叔叔司马孚并不同意这种处理方式。在他看来，曹髦毕竟是当过皇帝的人，应该以藩王的规格来安葬。司马昭接受了叔叔的建议，曹髦葬礼的事总算办妥了。葬礼过后，就该有人出来替罪魁祸首的贾充"背锅"了。司马昭下令，把目无法纪的成济拿下法办，并灭成济三族。至此，曹髦事件终于告一段落了。

忙完这件事，司马昭就把册立新君提上了日程，按照老规矩，应该在曹丕的孙子或曾孙当中另选一个比较合适的人来当皇帝。可这一回司马昭偏偏又"乱点皇帝谱"了。他决定，立魏武帝曹操的孙子、燕王曹宇的儿子曹璜为新任皇帝。曹璜即位后，改名为曹奂。从此，曹魏帝国进入了曹奂时代。

第九章
蜀国的堕落

姜维的北伐（一）

就在魏吴两国在淮南地区展开拉锯战的同时，蜀国也没有闲着。诸葛亮去世后，有一个人接过了北伐中原的大旗，这个人就是姜维。

姜维，字伯约，魏国天水郡冀县（今甘肃省甘谷县）人，他的老爸姜冏本来是功曹，后来因为郡里发生叛乱，羌人造反，姜维的老爸不幸身亡。姜维从小和母亲相依为命，等他长大以后，被提拔为中郎，后成为郡里的上计掾、州里的从事。

蜀建兴六年（228，魏太和二年），诸葛亮开始第一次北伐。当时姜维和功曹梁绪、主簿尹赏、主记梁虔等正跟随太守马遵外出巡视。马遵本身就是疑心很重的人，担心姜维心怀不轨，为了安全起见，连夜逃跑了。姜维不知道发生了什么情况，便赶紧去追，却发现慢了一步，城门已经关上了。姜维赶紧叫门，可是对方根本不理睬。无奈之下，姜维只好回到老家冀县，但冀县也不欢迎他入城。看来，姜维这个里通外国的黑锅是背定了。

正巧这个时候马谡街亭战败，蜀国一片混乱，姜维趁机投奔了诸葛亮。姜维在魏国仕途坎坷，但是碰到诸葛亮这个伯乐，立刻时来运转。一开始，诸葛亮让他做管粮草的仓曹掾，不久就发现姜维很懂军事，于是尝试着让他参与军事谋划。一段时间后，诸葛亮对姜维的表现很满意，便给他加官为奉义将军，封当阳亭侯。当时，姜维才二十七岁。

如此迅速地提拔一个名不见经传的年轻人，而且是魏国的降将，很多人都不理解。诸葛亮也考虑到这一点，他特意写信给成都的蒋琬，夸姜维是凉州数一数二的人才，就连马良都是比不过的！蜀国最厉害的人对姜维评价如此之高，使姜维在蜀国的名声也越来越大了。

这一下，魏国人才知道后悔。于是，魏国人就开始谋划着，让这个年轻人重归祖国怀抱。后来，姜维接到了老妈的来信，让他回来为魏国效力。姜维很聪明，当然知道个中的原因。不过，蜀国这边有欣赏自己的人，有自己的用武之地，他已经习惯了这样的日子。于是，姜维给老妈写了一封信，其中有两句是"良田百顷，不在一亩，但有远志，不在当归"，以此表明自己效忠蜀国的态度和决心。

诸葛亮病逝以后，姜维依然深受蜀国朝廷的器重，被封为右监军辅汉将军，平襄侯，顺利挤进了军队的高层。

在蜀国，蒋琬、费祎是诸葛亮的政治接班人，姜维则是军事接班人。众所周知，姜维的结局是个悲剧，造成悲剧的主要原因是他的唯一嗜好——战争。诸葛亮北伐五次，身为接班人的姜维北伐居然有十几次。

比如，蜀延熙元年（238，魏景初二年），姜维第一次跟随蒋琬率偏师出陇右，在南安与魏军相持不下。蜀延熙三年（240，魏正始元年），姜维出陇西，击退了郭淮。又过了四年，魏国的曹爽、夏侯玄主动挑衅汉中，镇北大将军王平在新势与敌人相持，姜维和费祎先后带队到汉中增援，并在三岭击败了曹爽。蜀延熙十年（247，魏正始八年），姜维升任卫将军，得到了与大将军费祎共录尚书事的权力。刚巧这一年蜀国内部的汶山平康夷发生动乱，姜维果断率兵讨平。[①]

蜀国国内的事情比较好处理，边境问题就复杂了。这一年，魏国雍凉地区的羌胡人在首领治无戴等人的带领下，准备归顺蜀汉。姜维看到有如此好的机会，当然不能浪费。于是，姜维一方面留阴平太守廖化在成重山筑城接应，另一方面亲率主力出陇右接应治无戴。

这次魏国派出的与姜维对战的将领是郭淮。姜维能力不差，但他碰到的对手也很强。郭淮是曹魏身经百战的名将，他在边疆地区一干就是三十五年。和诸葛亮比，郭淮差得太远，但是和姜维比，郭淮觉得自己还是有自信能打赢的。面对姜维的攻势，郭淮采取了分而治之的策略。他一方面派夏侯霸追击姜维，另一方面自己带兵攻打廖化。面对郭淮这种分兵进击的方式，不管哪一方面取胜，姜维的日子都很难过。

当然，所有的计策都是双刃剑，对郭淮如此，对姜维也是如此。姜维明白这个道理，所以表现得相当生猛，但郭淮这边也不示弱，两边的形势还是比较均衡的。此次，双方交手算是打了个平局，互有胜负，姜维这边接应了投降的羌胡头领，郭淮那边逼走了姜维的主力部队，顺便把其他叛乱地区都讨平了。

又过了两年，高平陵政变爆发，曹爽被杀，夏侯霸投奔了蜀国。姜维还专门和这个昔日的对手坐下来谈心。姜维问夏侯霸："司马懿既得彼政，当复有征伐之志不？"这件事情是姜维最担心的，夏侯霸的回应让他

---

① 据《资治通鉴》，姜维升任卫将军，录尚书事，讨平汶山平康夷均发生在蜀延熙九年（246，魏正始七年）。

吃了一颗定心丸："彼方营立家门，未遑外事。有钟士季者，其人虽少，若管朝政，吴、蜀之忧也。"听说司马懿他们顾不上自己，姜维特别开心。就在这一年的秋天，姜维又来了。他打算趁着魏国政局动乱，再次引诱羌胡人归降蜀国。

姜维督军在麴山修筑了两座城，作为进军的据点，派牙门将句安、李歆等人在此驻守，并且联合羌胡人到处撒网，进攻附近的地区。对姜维这种在自家后院放火的行为，魏国不管内部有多乱，都是不能容忍的。所以，魏国立刻派出征西将军郭淮、雍州刺史陈泰和姜维周旋。

郭淮考虑到姜维采用的是四处开花的战术，一一回击是相当费时的，所以他听取了陈泰的计谋，围点打援。具体做法是，由陈泰带领讨蜀护军徐质、南安太守邓艾抵近麴山，把城外的交通、水源统统切断了。

姜维一看对方是狠角色，一上来就把自己的弱点掐住了，这麴城不救不行。于是，姜维马上带兵赶到牛头山，碰上了陈泰，可是陈泰却不接招。姜维很快发现这是个圈套，陈泰在正面拖着自己的同时，郭淮已经带领魏军主力绕到姜维的背后。由于腹背受敌，姜维只能赶紧撤了出去。一看城外赶来救援的姜维跑了，城里的句安、李歆就开门投降了。

在这次对阵当中，还有一位奇才邓艾，他的表现也是可圈可点的，后来的事实说明，邓艾正是姜维的克星。

当郭淮率军向西进击羌人部落的时候，大家一片乐观，可邓艾却说："贼去未远，或能复还，宜分诸军以备不虞。"郭淮是一个听得进去意见的人，就把邓艾留下，守住白水北岸，防止姜维回头"咬"一口。没想到，还真被邓艾算准了。

邓艾对手下人说："维今卒还，吾军人少，法当来渡；而不作桥，此维使化持吾令不得还，维必自东袭取洮城。"邓艾的意思是，姜维虽然来势汹汹，咱们这边人少，但他却不和咱们动手，不用说姜维进攻这里肯定是假的，而去打洮城才是真的。洮城离邓艾的驻地大概六十里远，看穿了这一点，当天晚上邓艾就拔营了，一溜小跑地冲过去把洮城占了。魏军占领洮城没多久，姜维果然来了。姜维一看没戏了，只能灰溜溜地走了。

一转眼，到了蜀延熙十三年（250，魏嘉平二年），姜维开始第五次北伐，这一次他决定远征西平（今青海省西宁市）。可惜，这次姜维北伐向西绕的路太远，而且军队的人数不多，只有几千人。这两大不利因素摆在那儿，这一战的结果可想而知，只有两个字——不胜。

虽然姜维几次北伐都是败多胜少，但他是不怎么服气的。他认为自己的战绩之所以不佳，主要是因为军队数量太少，一直被蒋琬、费祎这些保守派压制着，不能称心如意地用兵。直到蜀延熙十六年（253）费祎遇刺以后，姜维才迎来了人生和职业生涯的第二春。

姜维的北伐（二）

蜀延熙十六年（253，魏嘉平五年）三月，发生了一件对蜀国比较有利的事，那就是吴国太傅诸葛恪发兵二十万进攻淮南。[①] 吴国和蜀国一起联动，不管是出于道义，还是出于国家的实际需求，都是应该的。于是，姜维带了几万人出石营，经董亭，攻魏狄道。这些地方都属于陇西一带，看来姜维对于老线路还是念念不忘的。

---

① 吴神凤元年（252，蜀延熙十五年），吴大帝孙权去世，太子孙亮即位。闰四月，以诸葛恪为太傅。

当时魏国的掌权人是司马师，他派征西将军郭淮、雍州刺史陈泰起关中之兵，前去解狄道之围。但是，这一仗还是没能真正打起来，原因和姜维走的这条线路一样老套——缺粮。等陈泰赶到洛门，才发现姜维的人早已经走光了。

蜀延熙十七年（254，魏正元元年）二月，魏中书令李丰、夏侯玄等被司马师诛杀，魏国政局一下子又陷入了混乱。四月，魏国狄道的李简向蜀国请降，姜维觉得北伐的机会又来了。于是，同年六月，姜维带兵进军陇西。原本姜维对郭淮他们还是有点忌讳的，可是到了十月的时候，忽然传来了一个坏消息，前军将领荡寇将军张嶷被魏将徐质斩杀了，这一下子就挑起了姜维的斗志。

姜维对付郭淮没有什么把握，但对付郭淮手下那帮人还是信心十足的，他立刻带兵包围了襄武，对魏军还以颜色。此役的战果还是挺理想的，最后姜维顺利地帮张嶷报了仇，斩杀了徐质，还攻占了河关、临洮等地。不过，这一次姜维的胃口也不大，只是在魏国的援军到来之前，把这几个县的百姓全部带入了蜀地。这一次姜维的北伐基本属于打游击战，收到一点好处就跑路了。

蜀延熙十八年（255，魏正元二年），魏国又发生了两个重要事件，对蜀国十分有利。首先，魏国实际掌权的司马师死了；其次，老对手郭淮也因病去世了。在姜维心中，这两人就是阻碍自己北上的最大障碍。这下好了，还等什么呢？姜维觉得自己终于迎来了跟魏国开战的最好时机！

可惜，这都是姜维的一厢情愿，蜀国其他人并不这么看。大家都觉得一直以来都是姜维在为自己的理念赌博，这一次终于有人忍不住出来反对了。征西大将军张翼当着刘禅的面和姜维吵了起来，他认为蜀国国力衰弱，不应该主动发起战争。当然，还有一点，张翼憋着没说，那就是姜维北伐了这么多次，几乎没有什么明显的成果，还劳民伤财。

刘禅听完两人的争辩，觉得如果可以抓住机遇放手一搏，没准儿能有意想不到的结果，就决定让姜维去试一试。有了皇帝的支持，姜维的胆量就更壮了。可是事情的发展并不如姜维预测的那样，司马昭顺利接班，魏国并没有发生想象中的政治动乱。在西面，郭淮死了以后的继任人是陈泰，水平也不低，绝对不是那种可以随便欺负的菜鸟。

无论魏国形势如何，这一年的七月，姜维还是按照原计划，带领夏侯霸、张翼等人，统兵数万人，开到了魏国的边境上。魏国的征西将军陈泰坐镇东面的陈仓，他知道蜀军这一趟来依然没有妥善解决粮草问题，所以打算以防守为主，并不急于求战。陈泰命令雍州刺史王经上前线增援，考虑到王经应该不是姜维的对手，他还特意吩咐王经，到了前线一定要等他带援军过来后，大家东西两面合击姜维。

可是王经觉得自己可以和姜维一决高下，所以他没有赶到狄道进行防御，而是擅自改变了行军路线，带着部队沿洮水移动，没多久就和蜀军碰上了。王经觉得自己人多，双方的实力完全不在一个档次上，自己未必会输给姜维。于是，他决定渡河与姜维大战，一雪初战失利的耻辱。姜维以逸待劳，等王经的人费了九牛二虎之力渡过洮水，蜀军立刻扑了上来。结果，魏军一下子损失了几万人，惨败的王经只能带着手下一万多的残兵逃到了狄道。

前线战败的消息传遍了魏国朝野，司马昭十分震惊，赶紧提拔长水校尉邓艾代理安西将军，和陈泰在前线携手抗击姜维。邓艾的大军出发后没多久，司马昭还是不放心，又派太尉司马孚带队作为他们的后援。这时的姜维气势正旺，而被包围在狄道城里的魏军已经饿得奄奄一息了。考虑到这一点，救援的魏军不走大路，而是从捷径抵达狄道东南的山上，并点燃火把，擂响战鼓和城里联络。

城里那些守军忽然看到城外来了援军，斗志一下又被激发起来，战场的局势一下子就被逆转了。城里城外的魏军随时可能联手出击，而且听说更多的援军正在赶来。而蜀军长途远征，粮草支撑不了多久。这么多不利的因素加在一起，如果不及时撤退就会被人包围。无奈之下，蜀延熙十八年（255，魏正元二年）九月二十五日，姜维主动解了狄道之围，退到了钟堤。

这一战因为王经的鲁莽，姜维斩杀魏军数万人，是目前为止姜维北伐取得的最辉煌的成绩了。消息传回蜀汉朝廷，刘禅相当满意，第二年正月就提拔姜维为大将军，显然这对姜维来说又是一个良性刺激。志得意满的姜维决定继续带兵北伐，继承诸葛丞相的遗志，光复中原。

姜维的北伐（三）

面对咄咄逼人的姜维，魏国做了及时的人事调整，把善于防守、不善进攻的陈泰调回朝廷，而把姜维的克星邓艾调了过来。实际上，魏国内部对姜维的下一步举动也是议论纷纷，大家普遍认为姜维能自保就不错了，是不可能继续进攻的。但是邓艾不同意，他一针见血地指出，姜维是肯定要来的，理由主要有以下五条。

第一条，姜维上一次打了胜仗，尝到了甜头，气势正旺，而魏军失利以后力量比较薄弱。第二条，蜀国将领和士兵长期在前线打仗，配合默契，而魏军这边很多都是新兵，将领也频繁换人，彼此之间需要磨合。第三条，蜀军北伐，一来可以走水路，二来可以走陆路，花样繁多，让人防不胜防。第四条，虽说蜀国国力不强，军队只有几万人，但魏国主要采取防守策略，要分兵守卫各个要害，所以蜀国在局部地区有人数优势。第五条，如果姜维从南安、陇西进军，可以找当地羌人要粮食。如果走祁山，现在麦子就要成熟了，蜀军的粮食就不成问题了。

邓艾猜得没错，魏甘露元年（256，蜀延熙十九年）七月，姜维又来了，和镇西大将军胡济两路出兵。姜维率先出兵祁山，听说邓艾已经有所准备，只能改从董亭进攻南安。邓艾占据武城山，据险而守。姜维进攻不利，打算夜渡渭水，沿山路进取上邽。邓艾知道后追了上去，两军在段谷展开了肉搏战。如果胡济此时能够及时按计划赶到，胜利的天平就会倾向蜀军。可是不知道是什么原因，胡济没来。无奈之下，姜维只能被迫选择后退。

这一趟姜维损兵折将，惨败而归。蜀国上下舆论哗然，百姓对姜维更加怨恨，陇西一些地方看到了起义的机会，也趁机发生骚乱。姜维很有自知之明，回来以后谢罪请求处分，以平息众怒。刘禅对姜维并没有深究，只是把他贬为后将军，但依然行大将军事，和当年诸葛亮自降三级的道理是一样的。这充分说明，其实刘禅是支持姜维北伐的，因为这是刘备的遗愿，也是诸葛相父多年以来孜孜追求的。姜维不断北伐，屡败屡战但还是打了十多次，正是因为有人在背后给他撑腰。

蜀延熙二十年（257，魏甘露二年）五月，诸葛诞在寿春发动叛乱。消息传到蜀国，姜维又兴奋了起来，魏国把雍州的一部分兵力抽走了，这不是天赐良机吗？于是，姜维又带领数万兵马出骆谷，到达沈岭。实际上，魏国对姜维早有防范，司马昭不仅没有把姜维的老对手邓艾调走，还加派了一个帮手司马望加强防范。邓艾在各处关卡都积蓄了大量军粮，准备以逸待劳，与姜维打持久战。

姜维带军来到芒水，依山扎营。那边邓艾一直严防死守，不管姜维怎么挑战，邓艾、司马望就是不出来。于是，双方就这么耗着，姜维手中有兵，而邓艾手里有时间，还有粮食。熬到第二年的二月，诸葛诞兵败身亡，姜维知道大势已去，只能带兵返回。虽然这一趟没有什么拿得出手的成绩，但刘禅还是恢复了姜维大将军的职位。

虽然皇帝支持，但姜维的多次北伐在益州当地引起了强烈的反弹。前面提到过，蜀国的势力分成三派，拥有绝对话语权的毫无疑问是刘备带过来的荆州派。虽然姜维不是随刘备南征北战的老兄弟，但是他归于诸葛亮的帐下，所以也可以算是其中的一分子。诸葛亮去世后，姜维继续扛起了北伐的大旗。这笔庞大的开支全靠益州当地百姓来负担，如果是一次两次北伐，百姓或许可以容忍，但是连续十几次也没打出成果来，益州百姓就开始有怨言了。就连同为荆州派的费祎，在生前也多次对姜维的北伐多有限制。在这种情况下，作为益州本地人的代表谯周站出来反对姜维也就不足为奇了。

谯周写了一篇名为《仇国论》的文章来反对姜维。在这篇文章里，谯周虚构了两个互相敌对的国家，小国叫因余，大国叫肇建。以两国国民之间的对话为引子，阐述了小国对大国的最佳策略，那就是"射幸数跌，不如审发"。意思是说，与其漫无目的地随便放箭，屡屡失手，还不如小心谨慎，看准了再下手不迟。谯周是提醒姜维，北伐的事要谨慎，要考虑到我们益州本地人的利益和愿望。

蜀国在堕落

在姜维统兵之前，蜀国在边境的设置一向严密，汉中太守魏延采取防御路线，即在一线的边防要塞派出精锐的部队驻守。后来王平的防御方式基本沿袭了魏延的思路，一线严密布防，拒敌于国门之外。轮到姜维，他认为原来的政策属于消极防御，不能有效地消灭敌人的有生力量，还不如把门打开，诱敌深入，等敌人进来后再动手。刘禅一听，觉得挺有道理，于是真的下令汉中都督胡济退驻汉寿，监军王含驻守乐城，护军蒋斌驻守汉城，把北面的山险、边塞统统让给了魏国人。

但是姜维忘了，蜀国的兵力远不如魏国，怎么可能打出防守反击？由此看来，姜维的诱敌深入实际上是引狼入室。就目前来说，姜维构思的防御体系是否安全还不能下结论。但有一点姜维是确定的，那就是自己在蜀国政权当中的地位越来越不妙了。

纵观刘禅一生，治理人是很精明的，他明白想要牢牢控制住那些权臣，唯一的办法就是分权。为此，他给姜维找了几个竞争对手，让他们互相争斗。

姜维的第一个对手是陈祗。陈祗是大司徒许靖的侄外孙，可以算得上多才多艺，而且还精通算命。蜀延熙九年（246）董允死后，陈祗代董允为侍中，开始进入官廷。他善于拍马屁，很快就把皇帝刘禅哄得舒舒服服，后来又升任尚书令加镇军将军，正式进入了朝廷的核心决策层。

费祎遇刺身亡以后，姜维掌握了军权，但是因为长年在外征战，分身乏术，所以陈祗趁这个机会逐步掌握了朝廷大权。不久之后，他又找到另一位亲密的盟友——皇帝身边的宦官黄皓。黄皓和陈祗都十分懂得阿谀献媚，因此两人深受刘禅器重，打拼了大半辈子的姜维反而被逐步边缘化了。

蜀延熙二十一年（258），陈祗去世。考虑到姜维依然常年不在朝廷上班，刘禅又提拔了几个人。他任命董厥为尚书令，诸葛亮的儿子诸葛瞻为尚书仆射，让两人开始逐步熟悉政务。蜀景耀四年（261），更是把董厥封为辅国大将军，把诸葛瞻封为军队都护兼卫将军，一起管理国家大事。虽然这两个人的官位很高，但其实刘禅对他们的信任不足，所以真正的权力还是在黄皓手里。

对于黄皓当权，董厥他们虽然着急，但也毫无办法。这时蜀国的政治格局里，黄皓是一派，姜维是一派，诸葛瞻和董厥属于第三方势力。虽然第三方势力对其他两派相当不满，可惜他们的势力是最弱的，所以他们对内制约不了黄皓专权，对外阻止不了姜维北伐。

由此，在蜀汉中央内部形成了三派鼎立的格局。刘禅是乐于见到这种格局的，他觉得三派相互监督、互相制约，自己做皇帝时也就不用那么担心了。

这时的黄皓已经成为皇帝刘禅的形象代言人，这一点朝廷大臣早就看出来了。为了自己的前程，很多人迫不及待地想搭上黄皓这条线。这样一来，蜀国的官场风气越来越腐败、越来越堕落，这时的蜀国已经滑向了亡国的边缘。

魏国要动手了

蜀景耀五年（262，魏景元三年），姜维又准备向魏国开战，但遭到了很多人的批评。比如，右车骑将军廖化就劝他："兵不戢，必自焚，伯约之谓也。智不出敌而力少于寇，用之无厌，将何以存！"廖化的话虽然不好听，但却都是实话，姜维智谋超不出敌人，力量也小于敌人，却依然在不停地出兵挑战，将来如何自存！

这种还只是口头批评，且出于善意，姜维的政敌们就没那么客气了，比如黄皓就准备找人联手搞掉姜维了。黄皓找的人叫阎宇，这个人素有才干，处事勤勉。黄皓的如意算盘是让姜维下课，扶阎宇上马。姜维得到消息后吓了一大跳，他立刻向刘禅打报告，请求皇帝立刻诛杀黄皓。刘禅却说："皓趋走小臣耳，往董允每切齿，吾常恨之，君何足介意！"这话的意思是，黄皓只是我身边听使唤的一个小人，以前董允一提到他就咬牙切齿，弄得我心里很不舒服。大将军，您又何必与他一般见识呢！

刘禅这话有两层意思：第一层，这人不值得动。第二层，你要真动他，我心里可不舒服。姜维对于这种话还是听得懂的，黄皓不是他能随便动的，于是姜维很识趣地向皇帝道了歉。刘禅当然乐意借坡下驴，下令黄皓给姜维赔罪。

姜维事后担心不已，为了巩固自己的地位，他想到了建立军功的方法。就在这一年的十月，姜维顶着巨大的压力再次出兵了。这一次他的目标是魏国的洮阳。这也是姜维最后一次北伐了，对手依然是邓艾，邓艾已经提前在侯和等着姜维了。一边是远道而来，另一边是守株待兔，不出所料，蜀军很快被打败了，姜维只好退了回去。

姜维觉得成都是回不去了，黄皓肯定在那里等着治他的罪。于是，姜维向刘禅打报告，请求在沓中屯田。

等刘禅同意后，姜维果然在沓中待了下来，虽然保住了自己，但保不住日益衰败的蜀汉政权。不久之后，新的暴风雨就来了，掀起风浪的不是别人，而是时任魏国大将军的司马昭。姜维连年不断地侵犯边境，把司马昭惹毛了，他迫不及待地想对蜀国动手了。

至于如何动手，选项还是很多的，比如有个叫路遗的军官，建议用刺客对付姜维。这确实是一个省时省力、节约成本的好方案。可是很多人觉得对付强敌应该名正言顺，不能用这种不地道的做法，会遭人耻笑。这么一说，司马昭还真下不来台了，刺客这一招是不能用了，就只能名正言顺地进攻了。

当司马昭提出自己设想的时候，朝廷大臣除了钟会之外，基本都是反对的。很多人认为蜀国山高路险，当年曹操都觉得难以征服，还不如往东南走，拿吴国开刀。看到支持的人少，司马昭便耐心地对大臣们解释了自己想要攻打蜀国的原因，魏国和吴国交手多年，因为吴国有长江天险，水军强大，所以难以征服。如果能先征服了蜀国，再顺江而下，吴国就可以一战而定了。接下来，司马昭又分析了一下魏国对蜀国的军事优势，那就是蜀国国内人才少，皇帝又不管事，估计抵挡不住魏国大军的攻击。

听完司马昭的分析，大臣们都不再提反对意见了。于是，司马昭任命钟会为镇西将军，具体筹划关中的防务。魏军在关中地区频频调兵遣将，这一点实在太过明显，很容易就引起了姜维的警觉，他非常着急地向皇帝刘禅打报告说："闻钟会治兵关中，欲规进取，宜并遣左右车骑张翼、廖化，督诸军分护阳安关口及阴平之桥头，以防未然。"报告送到成都，却在黄皓那儿被拦下了。黄皓没有直接向刘禅汇报，而是找来了巫师问卦。

那个算命的受人钱财，坚定地表示魏国不会出兵攻打蜀国，那些都是骗人的把戏，魏国是不会傻到把自己投入危险的境地的。黄皓听完，才乐滋滋地把算命大师的结果汇报给皇帝，而把姜维的前线报告收起来了。之后，这事儿就被黄皓压了下来，搞得朝廷其他大臣对魏国的行动一无所知。

在蜀国上下完全没有准备的情况下，事情开始向着恶性方向发展了。蜀景耀六年（263，魏景元四年）五月，魏国兵分三路，正式出兵蜀汉。具体部署是，征西将军邓艾带三万人从狄道出发，攻击甘松、沓中，牵制姜维的兵力；雍州刺史诸葛绪带三万人从祁山攻击武街、桥头，切断姜维的退路；镇西将军钟会带十万人从斜谷、骆谷、子午谷等地攻击汉中。山雨欲来风满楼，魏国一直忍到现在，终于要对蜀国动手了。

第十章
蜀国的灭亡

退守剑阁

　　等魏国出兵的确切消息传来时，刘禅才明白军情已如燃眉之急，赶紧派出廖化支援沓中，张翼、董厥支援阳安关口，同时下令前线部队不得擅自应战，退到汉中、乐城固守待援。但是，魏国的诸葛绪已经率军抵达建威，廖化他们迫不得已只能留在阴平等待应战。因为蜀国前线兵力空虚，再加上刘禅下了不抵抗的命令，所以魏国的前线部队进展得十分顺利，钟会等三路人马很快就兵临汉中城下了。

　　钟会大军的下一个目标是阳安关口。这里有两名守将，主将叫傅佥，副将叫蒋舒。副将蒋舒对自己从朝廷调到地方当官耿耿于怀，一直想找机会报复一下。正巧此时钟会手下的先锋胡烈已经兵临城下，面对强敌，防守待援是最佳的策略。可是蒋舒却心怀鬼胎，对傅佥说："今贼至不击而闭城自守，非良图也。"傅佥听了觉得有点为难，上头明令不准将士出城迎敌，违反军令，吃不了可要兜着走。可傅佥看到蒋舒依然非常激进，强烈要求带兵出击，便决定自己留在城里，让蒋舒带队出击。蒋舒一听，高兴得不得了，立刻点齐队伍出城，直奔胡烈大营而去。当然，他跑过去不是和别人玩命的，而是去投降的。城里的防守力量已经很薄弱了，蒋舒又带了一队人马投降，所以阳安关口很快就失守了。

东线汉中形势岌岌可危，西线情况也好不到哪里去。西面魏军带队的将领正是邓艾，他的目标是老对手姜维。姜维虽然进攻能力一般，但防守能力还是过硬的。可是不久之后，东线兵败的消息就传过来了，这一下姜维再也无心恋战，只能选择撤退。看到姜维走了，邓艾怎么可能错过这么好的机会，派部将杨欣在后面紧追不舍。姜维死命突围，好不容易才甩掉追兵，但这并不意味着脱困了。跑着跑着，姜维发现队伍前面又出现了魏军，原来是抢先占领桥头位置的诸葛绪。

一看这个架势，姜维立马明白了，他决定以退为进，带队辗转到孔函谷，并且放出小道消息，要从北道袭击诸葛绪的撤退后路，诱使诸葛绪离开桥头后撤了三十里。姜维抓住时机，立刻指挥军队通过桥头，与廖化、张翼等合兵，据守剑阁抵御钟会大军。到这个时候，姜维还是自信满满的，剑阁是益州的咽喉，无论是邓艾还是钟会，都必须通过剑阁才能进入成都！但事实证明，不走剑阁一样能进到益州的腹心地带，创造这个奇迹的人就是姜维的老对手——邓艾。

与此同时，刘禅在成都如坐针毡，他明白单靠自己的力量是难以抵御住魏军的，于是派人向吴国求援。蜀景耀六年（263，魏景元四年）十月，蜀国的告急文件送到了。这时吴国的皇帝已经变成了孙休，孙休是大帝孙权的第六子，在弟弟孙亮被废后登上了皇位，五年前斩杀权臣孙綝，独掌大权。得知消息后，孙休立即决定派大将军丁奉带兵向魏国的寿春进发，开辟东线第二战场。随后，孙休又决定加派将军丁封、孙异前赴沔中，就近援助蜀国。但是魏国这次投入的力量相当生猛，并吞蜀国的决心十分坚决。在这种态势下，吴国派来的援兵实在是杯水车薪。

蜀景耀六年（263，魏景元四年）十月十一日，魏国征西将军邓艾追击蜀军到阴平郡。按说这个时候他可以趁机一直追到剑阁，可是他也明白剑阁难打，所以就想能不能绕道，和诸葛绪一起带上一支精兵，先夺取江油，再奇袭成都。显然这种做法难度系数很大，所以邓艾提出这个计划后，立刻被诸葛绪拒绝了。

当诸葛绪领军向东靠拢钟会的时候，钟会却向朝廷打了个小报告，说诸葛绪畏敌不前。魏国朝廷自然很生气，于是一道命令将诸葛绪逮捕入京接受审判。这就是钟会处心积虑最想得到的结果，因为诸葛绪不在了，他手下的部队就都归自己所有了。那么，钟会将如何利用这支庞大的力量呢？

邓艾奇兵逼近成都

钟会兴高采烈地吞掉了诸葛绪的队伍以后，手上一下子有了十三万人马，但是问题也跟着来了，钟会部队的后勤补给开始出现困难。再加上姜维那边死守剑阁，钟会打了好一阵子，硬是没啃下来，就有点灰心了，产生了班师回朝的念头。

虽然钟会这边不想打了，可邓艾那边却跃跃欲试。他上书向司马昭谏言，如果我们从阴平走小路到江油，姜维不来救援的话，就可以长驱直入，直扑成都。即便姜维从剑阁出来拦截我们，也不用担心，钟会那十几万人就可以从后面追击他们了。

这个主意看起来不错，司马昭同意让邓艾试试，于是邓艾带领大军从阴平小道进入七百多里的无人区，行进得十分艰苦。更为困难的是，没过多久邓艾随军带的粮食就全吃光了，只能以野果、野菜充饥。等部队走到马阁山时，道路断绝，一时进退两难，邓艾身先士卒，用毛毡裹身滚下山坡。众人见主将都如此拼命，便纷纷效仿。就这样历经千辛万苦，邓艾这支奇兵终于连滚带爬地抵达了江油，并迫降守将马邈。

对于蜀国来说，前线吃紧，后方的空气也相当紧张，最发毛的当然要数皇帝刘禅了。蜀国人才凋零，剩下的只有一些没有作战经验的文官了。于是，尚书仆射诸葛瞻一下子被推到了历史的前台，刘禅命令他火速赶到前线增援。

虽然诸葛瞻是诸葛亮的儿子，但军事水平比诸葛亮差了很多。从益州的地形来看，如果江油防线被突破，邓艾大军就会一马平川地进入成都平原，所以必须夺回江油，否则后果相当严重。如果诸葛瞻行动迅速，邓艾大军的战斗力还没有恢复，一战下来说不定还有决胜的机会。可诸葛瞻率领军队抵达涪县后，没有继续前进，而是命令军队驻扎下来。

跟随诸葛瞻出来的还有尚书郎黄崇，是名将黄权的儿子。黄崇还算比较有见识，力劝诸葛瞻必须迎难而上，主动迎敌。可惜诸葛瞻一直犹豫不决，没有及时采纳他的意见，机会便稍纵即逝了。

这边邓艾在江油稍作休整，恢复战斗力以后，立刻带军南下，很快就打败了诸葛瞻的先头部队，并且将诸葛瞻一路逼到了绵竹城下。绵竹要是亡了，成都就会像秃子头上的虱子，孤零零地出现在魏军面前。成都一破，蜀国就要亡国了。面对这种生死存亡的情况，诸葛瞻下定决心，要在这里严防死守，不惜以身殉国。可是邓艾没那么傻，他采用了一种更温柔的办法——诱降。邓艾让使者告诉诸葛瞻："若降者，必表为琅邪王。"

诸葛瞻没有说话，而是用实际行动给予了答复，那就是斩杀使者，严阵以待。

见此情形，邓艾无话可说，派出两路大军同时向诸葛瞻发动进攻，命儿子邓忠攻打诸葛瞻的右翼，司马师纂攻其左翼。诸葛瞻和他手下的士卒们因为是背水一战，所以在刚开始的时候气势很旺，击败了邓艾派出的东西两路大军。

邓艾破口大骂，并命令邓忠、师纂二人率军回去再战，直到拿下绵竹为止。于是，这帮人又硬着头皮回头找诸葛瞻决战。双方都没有退路，拼杀得十分惨烈。魏军毕竟人多势众，而且技高一筹，最后蜀军还是失败了，诸葛瞻也在乱军当中被斩杀。诸葛瞻的儿子诸葛尚也在营中，得知父亲以身殉国后，他没有选择退却，而是勇敢地带人冲向敌营，最后也在前线光荣战死了。

刘禅投降

魏军兵临城下，成都朝野一片混乱，很多百姓已经开始选择逃跑了。在这种乱局当中，刘禅首要考虑的还是自己的前途问题，到底是战还是和，抑或干脆是降。面对命运选择，大家都很积极地为刘禅出谋划策，有的说应该投奔吴国，暂时避一避风头；有的主张往南边走，南中七郡地势险要，易守难攻，魏国应该不至于追到那么远。大家七嘴八舌，议论纷纷，看似都有道理，但每一种论点似乎都有缺陷。

终于，轮到谯周说话了。他语出惊人，坚持认为反正都要称臣了，与其向小国俯首称臣，不如向大国称臣，直接投降魏国。谯周的理论等于变相要刘禅投降，这一番道理说完，刘禅好像突然开窍了，他觉得反正自己也打不赢了，还不如直接投降，免得受皮肉之苦。大会一下子陷入了一种奇怪的气氛当中，原本这个会讨论的是如何抵抗魏军，现在似乎莫名其妙地达成了另一种共识，那就是该如何体面地投降。

终于有人提出了一个严肃的问题，投降是好，但是万一魏国人不接受怎么办。谯周不慌不忙地说："方今东吴未宾，事势不得不受，受之不得不礼。若陛下降魏，魏不裂土以封陛下者，周请身诣京都，以古义争之。"这话的意思是，现在吴国还在，如果魏国不接受我们的投降，必然会引发我们拼死抵抗，吴国也会协同反抗，魏国统一华夏的阻力就会非常大，所以他们只能接受我们，还必须给陛下极好的待遇。周边的朝臣听完频频点头，折服不已。

此时唯一有疑虑的应该就是刘禅了。就算魏国人给的待遇再好，他也是臣子，和皇帝地位比起来相差太多。所以不到危急时刻，他是绝对不想投降的。对于迁都南中的建议，刘禅多少还是抱有希望的。但谯周属于益州本土派，在目前的局势下，谯周看重的是益州本地大族的利益。一看刘禅好像有点犹豫，赶紧继续上书道："南方远夷之地，平常无所供为，犹数反叛，自丞相亮以兵威逼之，穷乃率从。今若至南，外当拒敌，内供服御，费用张广，他无所取，耗损诸夷，其叛必矣！"

经过大臣们的努力，蜀汉朝廷上下终于达成共识，那就是举国向魏国投降。刘禅派出了侍中张绍，还有谯周等人作为特别代表，前往邓艾大营洽谈投降事宜。为了显示诚意，刘禅还特意让张绍带上了自己的印绶。邓艾喜出望外，赶紧给刘禅回了一封信。刘禅接到这封信后感激涕零，还特意派人到前线给姜维等人下命令，让他们一起投降魏国。

不久之后，刘禅正式派尚书郎李虎向邓艾移交了蜀国的档案。邓艾接到这些东西后，迅速南下抵达成都北郊。刘禅模仿古时君主投降的方式，把自己反绑了，率领手下六十多名官员亲自到邓艾大营前抬棺请罪。

邓艾手执符节，为刘禅解开绑缚，焚烧棺材，接受了投降。邓艾进入成都以后，为了稳定人心，极力安抚当地百姓，并恢复了成都的正常生活。因为投降有功，蜀汉朝堂里的大多数人也都得到了不错的回报。

钟邓争功

虽然成都这边刘禅已经投降，但还有蜀国的残余势力在抵抗，那就是姜维部。姜维最早收到的是诸葛瞻战败的消息，他立马意识到情况的严重性。现在最尴尬的就是姜维了。权衡了很久，姜维决定先守住巴郡，之后再找机会支援成都。

等姜维一撤，剑阁就空出来了，钟会乘虚而入，占领了剑阁，兵锋直指绵阳。当然，他也不打算放过姜维，派出胡烈继续追击。姜维挂念成都的刘禅，根本无心恋战，也无心死守，一看胡烈追过来了，便继续向南跑，准备驰援成都。

可惜走到半路，姜维接到刘禅已经投降的消息，同时接到的还有刘禅要求自己投降的命令。姜维和他手下浴血奋战的士兵们如雷轰顶，个个义愤填膺，纷纷拔刀砍石明志，发泄心中的怒火。作为老大，现在最重要的是在最短的时间内做出最正确的选择。考虑再三，姜维终于做出了一个对于他来说极其痛苦的决定，那就是服从命令，向钟会投降。

姜维率部投降，最高兴的当然是钟会了。钟会确实年轻有为，是个很有谋略的将领，但正因为年纪轻轻就取得了巨大的成就，他的野心开始膨胀了。这一趟南下讨伐蜀国，钟会手里的军事力量最多时超过了十万人，吞并了诸葛绪的队伍以后，整体兵力有十三万之多。可是，这么多人围着剑阁居然一筹莫展，实在是太气人了。更可气的是，邓艾带了三万人绕过剑阁，走阴平偷袭江油成功，斩杀了诸葛瞻，成功逼降了刘禅，一下子就把他比下去了。幸好后来姜维投降，终于有个功劳能让钟会稍微平衡一下。

于是，钟会立刻上书向司马昭请功。从这件事的处理来看，钟会显然有些沾沾自喜。现在，钟会手上的军队有十几万人，姜维率领蜀军的主力部队又向他投降，他觉得自己已经是天下无敌了。

与此同时，成都城里的邓艾也开始飘飘然了，因为蜀国是他灭的，刘禅是向他递交的投降书。没过多久，邓艾开始挖苦姜维，说姜维好歹算是个人物，只可惜碰上了他这个克星。说这样的话真是太不谦虚了，姜维可不是那些遗老遗少，姜维的功劳和实力大家都有目共睹，所以说这种话就难免让别人心里不舒服了。

客观来说，邓艾在打仗方面还是很有战略眼光的。征服蜀国之后，他就开始积极考虑征服吴国的事情了。他上书司马昭，阐明自己的观点，认为魏国现在应该积极备战吴国，而在蜀国这边的主要方向应该放在和平解决上。具体就是封刘禅为扶风王，给他比较高的待遇，为吴国的皇帝孙休树立一个好榜样，然后再派使者过去到吴国引诱他。从这个角度讲，邓艾的战略眼光相当不俗，能力很强。但这封信也反映出他在政治方面的一窍不通，他在信里建议封刘禅为扶风王，这个做法就很不妥。刘禅是敌国皇帝，投降以后如何处理他是朝廷的事情，哪是你能够指手画脚的？再说，十月司马昭才成为晋公，刘禅一个丧家之犬，就能成扶风王了？

本来邓艾不经请示，代表皇帝给刘禅一口气封了三个职位已经算不合礼数了，才没过几天又要求封刘禅为扶风王，这是典型的目无领导的行为。所以，收到邓艾的上书以后，司马昭脸都黑了，立刻让监军卫瓘通知邓艾，任何事情都必须先请示朝廷，不得自说自话，擅自决定。

这种话说出来已经是相当严重的警告了，邓艾如果能及时警醒过来，就不会有太大问题。可问题在于，邓艾偏偏不懂政治，他居然上书为自己辩护，还说了一句要命的话："将在外，君命有所不受。"没想到，这句话正中司马昭的心病。于是，司马昭对邓艾的信任大打折扣。

邓艾不知道的是，他的危机才刚刚开始。司马昭毕竟在千里之外，只是猜疑他而已，另外一个人却近在咫尺，这个人的野心和对邓艾的嫉妒就像沸水上的茶壶盖一样，摁都摁不住了。这个人就是钟会。

钟会要造反

姜维是何等聪明的人，一眼就看穿了钟会的野心，觉得自己的机会来了，可以好好利用一下这个轻狂的家伙。如果自己可以说服钟会发动叛乱，然后浑水摸鱼，不就可以实现抱负了吗？姜维的抱负就是恢复蜀政权。于是，姜维开始主动接近并讨好钟会，两个人情投意合，成为亲密战友。有了姜维的加盟，钟会更加有信心了。

钟会和姜维二人盘算来盘算去，最好的切入点莫过于邓艾了。于是，钟会联合还在蜀地的监军卫瓘，不停地向司马昭打邓艾的小报告。为了彻底把邓艾整倒，他还在剑阁秘密拦截邓艾的奏章，然后利用自己的特长——书法，参照邓艾的笔迹重新修改成一份语气傲慢的奏章递上去。这还不算完，对司马昭下发的批示，钟会也照拦不误，然后把它修改成严厉斥责的语气，目的很简单，就是吓死邓艾。

魏景元五年（264）正月，钟会在一片喜气洋洋的气氛当中迎来了自己的喜事，朝廷下令逮捕有谋反嫌疑的邓艾父子，压赴首都洛阳受审。收到命令后，钟会立刻派监军卫瓘前往成都抓捕邓艾。

钟会这么做并不是想让卫瓘立功，而是想借刀杀人。钟会的如意算盘是，卫瓘去成都后，邓艾那边绝不会傻到束手就擒，肯定会拼死反抗。邓艾手里有好几万人，卫瓘虽名为监军，实际手上却没几个兵，这么单薄的兵力到了成都，恐怕只能委屈他"为国捐躯"了。如果邓艾真的敢反抗，谋反的罪名肯定就坐实了，到那时候自己再出面收拾残局，岂不是一箭双雕？

卫瓘对于钟会的想法也很清楚，但是钟会实力这么强，自己没法拒绝他的军令，只能另想办法去完成这个艰巨的任务。想来想去，卫瓘决定自己一个人去。为了不打草惊蛇，他趁着夜色悄悄进入成都。卫瓘首先秘密召集邓艾的手下，开了个通气会："奉诏收艾，其余一无所问；若来赴官军，爵赏如先；敢有不出，诛及三族！"这一番话恩威并重，效果非同一般。天还没亮，邓艾手下那帮人就集合完毕，听候卫瓘的调遣了。

天一亮，卫瓘带人直接冲到邓艾的住所，抓捕了还在睡梦中的邓艾。邓艾被抓，他的亲信们很着急，拖着刀就要找卫瓘拼命。卫瓘看到这个场景，赶紧安抚大家，让他们不要着急，他只是奉命抓人。而且，卫瓘说他也知道邓艾是被冤枉的，所以正在写奏章为他辩护。邓艾那些亲信一听，觉得卫瓘说得有道理，便放下了武器。于是，卫瓘凭一张巧嘴，就把邓艾顺利地抓走了。

正月十五元宵节，钟会来到成都，派人把死对头邓艾父子押往洛阳。此时的钟会志得意满，他想的是：邓艾父子被抓，成都是我的，邓艾手下的兵也是我的了。原来钟会已经有二十万人，加上邓艾手下的几万人和蜀国的几万降军，于是，钟会的野心急剧膨胀起来了。

钟会的如意算盘是派姜维带五万兵做先锋，从斜谷出发，自己率主力跟进，先占领长安，再兵分两路，骑兵走陆路，水兵走渭水、入黄河，抵达孟津，水陆并进，直捣洛阳。仔细算一算，抵达洛阳估计要不了几天。也就是说，天下马上就唾手可得，是我钟会的了！

可惜，理想很丰满、现实很骨感。不久以后，钟会接到了司马昭的一封信，这封信无情地击碎了钟会的美梦。司马昭在信中说，他已经让中护军贾充带兵一万，从斜谷出发来协助钟会的行动，他本人也将亲率十万大军进驻长安。

为什么司马昭会送来这样一封信呢？原来，司马昭的老婆王元姬向来不待见钟会，说钟会这个人心高气傲，见利忘义，千万不能委以重任。后来，等钟会带兵征蜀的时候，西曹掾邵悌忧心忡忡地对司马昭说："今遣钟会率十万余众伐蜀，愚谓令单身无任，不若使余人行也。"意思是，钟会今年都三十九岁了，也没有子女留在国内当人质。不可靠，还不如找别人带兵。[①]

司马昭对这个问题倒是不担心，平定蜀地之后，钟会想入非非是可能的，如果想反叛成功却是不可能的。魏国的士兵打完仗之后只想着回

---

① 其实，钟会虽未成亲，但有养子二人。其中，一人随军，一人在洛阳。

家，怎么会帮他造反？蜀地的百姓对战争早已经深恶痛绝，更不会跟着他瞎混。如果钟会三心二意，不守规矩，结果只能是自取其辱。

现在蜀国已经亡了，司马昭真的按自己的思路，率领大军出发了。远在成都的钟会听说之后倍感压力。钟会这才明白，虽然司马昭总称自己是他的爱将，但实际上从来没有真正信任过自己。钟会更清楚，所谓邓艾谋反纯属虚构，分明是自己在中间截和，欺上瞒下的结果。一旦司马昭和邓艾见了面，真相就会被揭穿，自己的下场必定很惨。

于是，钟会对亲信说："但取邓艾，相国知我独办之；今来大重，必觉我异矣，便当速发。事成，可得天下；不成，退保蜀、汉，不失作刘备也！"钟会的意思很简单，自己能打到长安最好，打不到长安，守着成都就像当年刘备占据蜀地一样，日子一样可以过得很好。

第二天，钟会便召集手下将领及蜀汉的旧臣，下令将魏国将领软禁在衙门里，严密看管起来，断绝他们和城内外一切的联系。钟会的野心就此摆上了台面。

名将之死

在成都的魏国将领全部被钟会控制住了，最兴奋的当然要数姜维了。他的想法是先把这些魏国将领杀了，然后把那个自作聪明的钟会解决掉，最后拥立刘禅复国。从目前的情况看，事态正按照姜维设想的方向发展，兴复蜀汉就在眼前。为此，姜维还专门给刘禅写了一封信，请对方务必再忍耐一下。

为了实现这个抱负，姜维"好心"地向钟会建议，把监禁起来的魏国将领都杀了。钟会对此有点犹豫，这些人都已经表态拥护自己了，这时候杀人，传出去对自己的名声不好。钟会的部将丘建原本是胡烈的旧部，胡烈这一次恰巧也被软禁起来。丘建一看老领导被人看管起来了，忍不住就动了恻隐之心，向钟会建议，让被关押的众将都享受由一名亲兵照顾饮食的待遇。钟会想想好像没什么不妥，就点了头。

这一下不得了，胡烈让自己的亲兵出去搞食物的时候，顺便给儿子胡渊带个口信。意思是根据钟会身边的人透露的绝密消息，钟会已经让士兵挖了一个坑，准备用提职加工资为诱饵，骗大家过来后集体坑杀。其他将领的亲信们也传出了类似的口信，一时之间钟会准备坑杀反对派人士的消息满天飞，成都的空气里顿时充满了恐怖的味道。

这件事才过了两天，胡渊带兵率先发难了，其他各营的士兵不约而同地跟进，浩浩荡荡地向成都进发。而这个时候，钟会正在给姜维他们配发武器。听到外面人声鼎沸，钟会赶紧问姜维应该怎么办，姜维立刻回答："但当击之耳！"

钟会这时确实方寸大乱，对于士兵哗变，首先要做的是安抚众人情绪，稳定局面，把话说清楚。哪怕一时说不清楚，还可以用人质作为威胁，这些人自然就不敢动手了。先让他们退兵，等情绪安定下来，再向他们解释清楚就可以了。

可是钟会偏偏没有这么做，他决定先把人质杀光，然后再解决外面士兵哗变的问题。可是，被软禁的将领们个个身经百战，听到外面的动静时就明白大事不好了，于是大家一起把房门紧紧闭上，还用东西顶住，钟会派的人情急之下居然弄不开门。没过多久，胡渊就带领士兵翻过城头，蜂拥而入。被软禁的将领们知道有人来救自己了，赶紧把房门打开，开始集体向外逃。

一时间大院里黑压压到处都是人，分不清哪些是自己人，哪些是造反的人。这种场景估计连姜维本人都没想到，砍倒了五六个人之后，姜维发现已经没希望了，外面涌进来的人越来越多，以一己之力完全不可能抵抗数以万计的哗变士兵。没过多久，姜维惨死于乱刀之下。就这样，蜀汉最后的一丝希望，也随着备受争议的姜维一起破灭了。

士兵们冲进来把姜维杀掉后，钟会的主心骨就没了。虽然钟会打仗算得上有谋略，但此时也完全乱了手脚，没过多久也成了刀下鬼。这时候，哗变的士兵已经杀红了眼，一时之间成都城里血雨腥风！

这个时候需要有人出来说话了，监军卫瓘一看大事不好，再不控制一下局势，成都就要被毁了，马上下严令禁止滥杀无辜。即便这样，也花了好几天的时间才使成都城内逐步恢复了平静。

现在，有想法的姜维死了，有野心的钟会也死了，既没野心也没想法的邓艾还在通往死亡的道路上。看到仇人们都死了，邓艾的旧部开始积极布置，追赶囚车，想把邓艾父子抢回成都。

得到这个消息后，最紧张的莫过于卫瓘了，因为是他亲手抓了邓艾，如果邓艾回来了，自己不就得下地狱了？左思右想之下，卫瓘决定派出和邓艾有过节的人去处理善后事宜，这个人的名字叫田续。田续接到命令后，马上就明白了，星夜北上，一路狂奔，终于在绵竹碰到了刚刚获得自由的邓艾。

邓艾父子正在庆幸逃过一劫，哪想过有人会在这时赶过来刺杀自己。猝不及防之下，邓艾父子居然被田续杀掉了。后来，邓艾留在洛阳的其他儿子也一道被杀，邓艾的老婆、孙子等被放逐到了西域。

邓艾显然是被陷害的，而且死得很冤。其实，司马昭也明白邓艾是被冤枉的，但问题是之前怀疑邓艾的是自己，下令抓捕邓艾父子的也是自己。所以，在司马昭生前，邓艾一直未能平反。

直到司马炎称帝了，议郎段灼才第一个站出来为邓艾鸣冤。尽管司马炎觉得段灼说得有道理，但却迟迟不肯采取实际行动。直到后来有一天，司马炎向给事中樊建问诸葛亮治理蜀汉的情形，叹息说："吾独不得如亮者而臣之乎？"樊建回答说："陛下知邓艾之冤而不能直，虽得亮，得无如冯唐之言乎！"听了这话，司马炎才深受触动，下决心为邓艾平反，并任命邓艾的孙子邓朗为郎中。

第十一章
三国归了司马家

司马炎篡魏

魏景元五年（264）三月，魏主曹奂被迫下令，晋升司马昭为相国，封晋王，加九锡。[①]这时，司马昭和曹操后期碰到的情况一样，对立谁当太子费尽了心思。司马昭的老婆王元姬是魏国著名经学家王肃的女儿，王元姬嫁给司马昭以后，生了两个儿子，分别是长子司马炎，次子司马攸，他们俩都是有继承权的。

对于司马昭来说，哥哥司马师比自己优秀很多，如果不是意外去世，这样的权势恐怕还轮不到自己。所以，在司马师生前，司马昭对哥哥是非常崇敬的。司马师并没有儿子，司马昭就把二儿子司马攸过继给了哥哥。司马攸性情温顺，多才多艺，为人稳健，很像养父司马师。所以，司马昭常有立司马攸为太子的想法。

此时，作为长子的司马炎便感到了无形的压力，他下定决心要变被动为主动，积极公关，为自己造势。据史书记载，司马炎长得非常潇洒，

---

① 魏景元四年（263）十月，因伐蜀捷报频传，司马昭晋封为晋公。

头发特别长。而且手垂下来可以超过膝盖，这一点和历史上很多帝王相似，比如汉高祖刘邦、蜀国皇帝刘备双手都是过膝的。在古代，头发长、手长是大富大贵的象征。对于自己的形象，司马炎是相当自信的。

于是，他向老臣尚书仆射裴秀做了一番形象展示。裴秀不仅是当时的名臣，也是中国历史上著名的地图学家。司马炎走完秀之后，悠悠地问裴秀："人有相否？"裴秀是个大学问家，也是在官场里混迹多年的老油条，看到司马炎的表现，又说了这样的话，弦外之音很明显了，就是想问他关于继承权的问题。裴秀当时一琢磨，看起来司马炎还是先知先觉的，对于这种有形或无形的竞争已经开始提前做功课了，显然要比司马攸更有心机和城府，这种人在政治斗争当中通常会笑到最后，所以裴秀第一个报名入伙了。

正所谓"一个好汉三个帮"，司马炎很清楚，想要梦想成真，手下必须要有出色的智囊团。裴秀是一个，此外，司马炎的智囊团还有何曾、贾充、山涛、羊琇等人，都是重量级的选手。其中，羊琇非常像当初"曹丕四友"中经常为曹丕出谋划策的吴质。羊琇学识渊博而有智谋，年轻时曾与司马炎同门，二人关系十分亲密，所以司马炎一直对羊琇期许颇深。事实上，羊琇也没有辜负司马炎的期望，他为司马炎出了不少好主意，为司马炎夺得继承权立下了汗马功劳。

司马昭原本有意让司马攸当太子，可是刚刚提出，就迎来了一大波反对的声浪。山涛说："废长立少，违礼不祥。"贾充说："中抚军①有君人之德，不可易也。"何曾和裴秀也说："中抚军聪明神武，有超世之

---

① 司马炎因迎立魏帝曹奂而累迁至中抚军。

才，人望既茂，天表如此，固非人臣之相也。"他们都是司马炎的人，把司马炎夸得天花乱坠。而不会包装自己的司马攸就惨了，他还没来得及组成自己的竞选团队，也就不会有人站出来为他公关了。对于司马昭来说，手心手背都是肉，两个都是亲儿子，一看司马炎有如此好的群众基础，而且又是老大，就决定让司马炎当继承人了。

魏咸熙二年（265）八月，晋王司马昭病逝，太子司马炎成了晋王兼魏国的相国。就像当年曹丕即位以后迫不及待地挤走汉献帝一样，这一回司马炎同样也急不可耐地把皇帝曹奂踹了下来，曹奂只能被迫把帝位禅让给司马炎。

魏咸熙二年（265）十二月二十六日，司马炎正式称帝，国号晋，改元泰始。第二天，司马炎把"懂事"的曹奂封为陈留王，让他享受和当年下台的汉献帝刘协一模一样的待遇，还很大度地让他搬到邺城定居，那里也是曹魏所有藩王的集中安置点。一个短命的曹魏帝国就此灭亡，一个看似强大的新帝国又闪亮地站到了历史的前台。

对于曹魏被司马家夺权，而且夺得这么快，有一个很重要的原因，那就是曹家对自己的亲人太抠门了。从曹丕开始，曹家的藩王就成了养尊处优的摆设，都是无权、无兵、无自由。在这种情况下，当朝皇帝如果寿命长，处事英明，实权在握，还不会有太大的影响，可偏偏曹家几任英明的皇帝命都不长，接任的还都是傀儡。这样，外姓权臣夺权的时候，姓曹的藩王自然就帮不上什么忙了。

这些血淋淋的教训，司马炎早就看穿了。所以司马炎称帝以后，认真吸取了曹魏灭亡的经验，对相关制度进行了重大改革。这些改革举措包括以下几点：第一，本着肥水不流外人田的原则，除了保留陈留王之外，把以前曹魏的藩王统统降格为县侯。第二，对自己同姓的近亲广封王爵。根据史料记载，西晋泰始元年（265）年末，司马炎一口气把自己的兄弟、亲戚等二十七人封了王爵。

没错，西晋的地盘很广阔，但也扛不住这么分家，王爷如此多，真是政坛一大奇观。这里要特别说明一下，晋朝的王爵比曹魏的王爵含金量高很多，晋朝王爵虽然封地也是一个郡，但是可以养兵。而且根据封国大小，军队的配额也不一样，两万户人家以上的封国属于大国，可以设上、中、下三军，养兵五千人。一万户的属于中等封国，设上、下两军，养兵三千人。五千户人口以下，属于小国，只养一军，养兵五百人。当然，养兵多了也有问题，就是这些封国容易产生动乱。

于是，出于维护秩序的需要，西晋王朝规定，所有藩王不得住在自己的封地，而是在首都洛阳集中居住，以便加强管理。看上去这种方法好像管理得很严格，但是后来的八王之乱证明，这样企图靠分封宗室维护自身统治的做法根本不靠谱。司马炎的想法是好的，但是后代很不争气，所以西晋的日子同样没过太久。

孙皓的暴虐

取代曹魏以后，司马炎还是做了不少实事，算得上一个开明、积极进取的好皇帝。比如，司马炎一改曹魏时期重赋税的政策，采用宽松和无为的治理方法，国家的综合实力日益强大。当然，晋王朝实力强大有着深厚的基础，三国鼎立的时候，魏国的势力就已经超过了蜀国、吴国。

灭掉蜀国之后，三国鼎立变成了南北对峙。司马炎的工作重心就放在了如何对付最后一个对手吴国身上。这时候的西晋蒸蒸日上，而他的对手吴国却日渐衰败。

吴永安六年（263，魏景元四年）对于吴国来说是内忧外患、流年不利的一年。而到了第二年，更大的麻烦来了，因为在这一年，皇帝孙休病重了。事实证明，这件事情彻底改变了吴国的命运。

孙休是吴国的第三任皇帝。吴国的第一任皇帝是孙权，等孙权称帝后，立长子孙登为太子。可惜孙登因病去世，又因为次子孙虑早逝，后来，孙权立三子孙和为太子。孙权晚年的时候做了很多糊涂的事情，最严重的就是让两个儿子孙和与孙霸为了皇位争来斗去，结果孙霸被赐死，孙和被罢黜。

孙权去世后，小儿子孙亮上位，成为吴国的第二任皇帝。可是这个小皇帝没当几年，宗室孙綝发动了政变，把孙亮废了，然后把孙休迎了过来。孙休是孙权的第六个儿子，登基前被封为琅琊王。

可惜第三任皇帝寿命同样不长，三十一岁就要死了。孙休召见了丞相濮阳兴，准备托孤。他拉着濮阳兴的手，让太子孙湾出来参拜，这时孙休已经说不出话来了，指了指太子，眼里满满都是殷切的希望。

对于濮阳兴来说，他知道自己深受托孤之重，担负的是国家前途。但孙休的儿子只有十岁上下，如果按孙休的遗愿，真的把孙湾立为皇帝，那这个国家怎么面对北方那个强大的敌人呢？

所以，濮阳兴是另有打算的，他认为此时的吴国内忧外患，必须要有一个成年的皇帝出来主持大局。从这个角度来看，孙湾肯定是不合适的。

就在濮阳兴犹豫的时候，左典军万彧站出来推荐了一个人，这个人就是乌程侯孙皓。因为万彧和孙皓的关系不错，所以他多次向丞相濮阳兴和左将军张布推荐孙皓。濮阳兴和张布讨论后，把这件事向张太后做了禀告，就打算迎接孙皓继位。

其实，孙皓不是别人，而是太子孙和的长子。本来，如果没有孙和、孙霸掀起的太子之争，孙皓会在父亲去世之后名正言顺地成为皇帝。虽然现在皇位又回到了孙皓手中，但很不幸的是，孙皓担任的角色是吴国最后一任皇帝。

孙皓并没有人们印象当中的那么糟糕，至少在开始的时候，他的表现还是可圈可点的，比如抚恤百姓，开仓赈灾，把宫里多余的宫女统统遣散回家，等等。皇帝做成这样，实在是非常难得了。原本大家都担心新皇帝上任以后会不会做出一些出人意料的举动，可现在看来这个皇帝很靠谱，所以现在的吴国朝野一片欢呼，都以为这一回时来运转，碰上了一个好皇帝。

可是吴国的老百姓没高兴多久，情况就翻篇了，孙皓很快就变脸了。原因也很简单，孙皓刚刚坐上皇帝位置时，帝位不稳，需要政治作秀，拉拉人气。等位子坐稳，彻底掌权后，就逐渐露出本色了。孙皓的缺点就三个：一、好色；二、好杀；三、好享受。

在好色这方面，孙皓比起之前的曹丕、曹叡更过分，为了满足自己的欲望，他不断派宦官到各地去遍访美女。除了民间美女之外，地方官家里的大家闺秀他也不放过。孙皓为此特意下了个文件，规定太守或者俸禄两千石以上的官员，每一年都要搞一次美女普查登记。到了十五六岁，这些女子必须参加后宫海选，只有后宫海选当中落选的姑娘才能够批准出嫁，否则就要杀头。吴国当时并不大，人口不算多，但是后宫里竟然有数千人之多，这个比例算是高得惊人了。

除此以外，当皇帝后，孙皓的胆子变大了，对杀人这种重口味的事也更加上瘾。而且孙皓动不动就杀人，连自己恩人都不放过，比如把他送到皇帝宝座上的张布、濮阳兴两个人，按理说对他是恩比海深，怎么报答都不过分。但因为这两个人后来不满孙皓的所作所为，私底下聊了几句，被传到孙皓那里。孙皓当时就生气了，不念旧情，把这两人免职后发配到广州那边。遇到白眼狼，这两个人也只好自认倒霉，于是带着郁闷的心情奔赴新的工作岗位。但是，事态的发展远远超乎他们的想象，出发不久，公差就从后面追上来，除了杀了他们两个人之外，还灭了他们两家的三族。

到了这个时候，孙皓已经嗜杀成性了，比如吴元兴二年（265）三月，孙皓派了一批使者出使魏国，走到半路，有小道消息传来，说这个使者团当中有叫徐绍的，曾经发布过反动言论，说魏国的好话。孙皓立刻下令召回这批使者，也不听徐绍的辩解，直接下令把人杀了。

除了在朝政中杀人，在宫廷里他也大开杀戒。比如前任皇帝孙休的妻子朱太后，论辈分应该是他的婶婶，当初立孙皓为帝的时候，人家是没有反对的。可是孙皓就是看太后不顺眼，随便找了个茬儿就逼她自杀了。随后，他又杀死了前任太子孙湾兄弟俩。

孙皓好酒、贪色、脾气暴躁、心胸狭隘，这些都已经算是很严重的问题了。但更让人无语的还在后面，孙皓作为皇帝居然有心理疾病，那就是自卑。他曾下令，未经许可不允许任何人注视他，即便在汇报工作的时候，也不能轻易抬头，如果胆敢偷窥，直接杀头。孙皓的规定把那些文武百官吓得胆战心惊。左丞相陆凯看不过去了，对孙皓说："君臣无不相识之道，若猝有不虞，不知所赴。"陆凯是当年赫赫有名的陆逊的堂侄。孙皓批准陆凯可以看自己的容貌，至于其他人，如果想看的话还是要杀头的。

孙皓当上皇帝以后，享受起来和当初的曹叡有得一拼。比如，孙皓让太守以上的高官亲自参加劳动，建宫殿、修筑御花园、扩建猎场，等等。这些都是很花钱的项目，所以陆凯他们又看不下去了，不停地来劝孙皓要爱惜民力。对于这一点，孙皓居然少见地没发火，而且他的处理方式真的很像当年的曹叡，那就是不搭理你。

羊祜来了

对于吴国这个极品皇帝的极品做法，已经是西晋皇帝的司马炎早已有所耳闻，这更加坚定了他让孙皓成为吴国末代皇帝的决心。司马炎动手是必须的，至于什么时候开始动手，还需要看时机。现在中原大地以江相隔，南北对峙。西晋和吴国隔着一条长江，吴国擅长水战，而西晋基本都是旱鸭子，水军水平很菜。现在情况不同了，益州已经是西晋的地盘，那边的人造船是没问题的。所以，司马炎的计划是一边让人在益州秘密赶制大船，一边挑选优秀的将领坐镇长江防线，双管齐下，为攻打吴国做好最后的准备。

西晋泰始五年（269），司马炎派羊祜坐镇军事重镇襄阳。羊祜，字叔子，泰山南城人。羊祜家庭非常显赫，他的母亲是汉末名人蔡邕的女儿。羊祜本人娶了夏侯霸的女儿，虽然他的岳父夏侯霸当初投奔了蜀国，但对于羊祜来说，他不属于任何派别。

曹芳时代，司马懿和曹爽使出了浑身解数，互相斗法，很多人因为站错了队，身首异处，而羊祜因为之前拒绝了曹爽的橄榄枝躲过一劫，自然没人找他的麻烦。等司马昭当了大将军，羊祜才毅然出山，选择为司马家效力。因为他和司马家有特殊的姻亲关系，所以司马昭父子都非常信任他。司马炎在篡位前夕，还专门调羊祜为中领军，统领御林军，兼管内外政事，这也就相当于让自己最信任的人当贴身保镖了。

　　西晋泰始五年（269），司马炎决定从三条战线加强对吴国的军事压力，任命征东大将军卫瓘驻守青州，镇东大将军王伷镇守徐州，羊祜都督荆州诸军。当时西晋的荆州辖区广大，荆州就是未来和吴国决战的主战场之一，地位相当重要。羊祜到任以后却发现当地情况不太好，军队连一百天的存粮都没有。于是，羊祜想到了一个老办法，那就是屯田。

　　羊祜把军队分成两拨，一半战备执勤，随时动手开打；另外一半参加屯田，当农民，为整支军队提供后勤粮食。这种屯田取得很明显的成效，荆州很快从缺粮大户变成了产粮大户，一下子积累了够吃十年的粮食，这一下后勤问题就被完美解决了。

　　对于吴国人来说，北方政权到底派谁来守荆州一直都很敏感。羊祜来了，吴国人却觉得这人比较奇特。作为一方大员边防军的统帅，这个家伙居然从来不穿铠甲，而且身边带的警卫也特别少。而且，羊祜根本不像军人，而像是一个诗人，有的时候甚至觉得他还挺亲切的。

　　比如，羊祜的部队行军经过吴国边境，有时候很难分清楚田地具体是哪国的，所以顺手也会把田里的稻谷收割上来。可是羊祜从来不白拿，每次必然要用绢来补偿人家的损失。而且在打猎的时候，羊祜还专门告诫手下，一定要看仔细了，千万不能穿过边界线，免得引发边境纠纷。

如果是吴国那边的猎物主动跑到自己这边了，打完以后他还会一一奉还给对方。

都说对敌人要像秋风扫落叶一样坚决，像冬天寒风一样冷酷无情，可是在羊祜身上看不到这些，他对吴国的策略很特别，那就是和谐。所谓的和谐，其实就是攻心为上，用实际行动瓦解对方的心理防线。事实证明，这种方法很有效，边境的边民都觉得有饭吃就行了，谁当我们的主子都是一样的。于是，羊祜的这些行为让边民们心悦诚服，以至于这些老百姓平时都不称呼他的名字，而是亲切地叫他羊公。

荆州这边一片和谐，可是往南走，吴国国内却是冰火两重天，吴国的边防部队其实也碰上了和羊祜之前一模一样的问题，那就是缺粮。但是，他们的老大孙皓挥霍无度，对部队的事情就没怎么关心过。所以吴国士兵饱一顿饥一顿是常事，作为敌人的羊祜并没有落井下石，反而向吴军伸出热情的援手，送酒送肉一点都不小气，士兵也是人，有感情，谁对自己好，谁让我吃饱我就跟着谁。于是，慢慢地吴军里面就有人开始偷偷开小差，跑到对面晋军那里找饭吃了。羊祜对这些人的政策是相当宽大的，大家可以自由选择是留下还是离开。

羊祜对士兵都这么好，对那些将领只能更好。比如有一次，吴国的将领邓香侵犯边界，被晋军抓住了，晋军将领一致认为这种人就是侵略者，应该杀一儆百，不然边境上哪有安生。可是羊祜问清情况以后，嘴里只吐出了两个字——"放人"。语调不高，但是说得很坚定，手下人都看不懂了。羊祜没有做过多解释，而是直接走过去亲自为邓香松绑，并且下令将这名敌将礼送出境。过了一段时间，邓香便决定率部投降西晋了。

当然，羊祜也没有一味地怀柔，偶尔也要打打仗。但这个人打起仗来也实在很怪，战争当中讲究的是兵不厌诈、偷袭闪击、声东击西等经典套路，但羊祜统统不用，而是和对方商定好交战的时间、地点、规模，然后才动手。打仗居然可以协商，这让吴国士兵连拼搏精神都没有了，还怎么能打得起来呢？

羊祜这哪里是在打仗，分明是在攻心。虽然攻心有效，但羊祜也明白，自己这辈子是注定无缘看到吴国的灭亡了，因为对面有一个很难被吃掉的人，他的名字叫陆抗。陆抗，字幼节，吴县人，他是三国时期吴国名将陆逊的次子，孙策的外孙。在末代吴国，他是著名的军事家，有这个人在，羊祜知道西晋是很难动手完全拿下吴国的。

吴国的回光返照

尽管羊祜和陆抗互为敌国将领，但是私下关系却非常好，属于相互欣赏的那一种。所谓和谐边境就是这两人共同缔造的。据说有一次陆抗生病了，向羊祜求药，羊祜听了也没有觉得意外，立刻派手下把自己的常用药送了过去。看到是羊祜送过来的药，大家纷纷劝陆抗把这药扔了。可没想到陆抗却不同意，他说羊祜不是一般人，绝对不会害他的。说完，还没等大家反应过来，陆抗一仰头就把药都喝下去了，把旁边那些将领看得目瞪口呆。关键是喝了药以后，陆抗的身体康复得挺快，这一下大家都服了。

这两人关系如此之好，他们还是敌人吗？他们确实是敌人，还真的打过，而且打起来规模还不小。事情的起因是吴国一名将领的叛逃，这名将领叫步阐。就在吴凤凰元年（272，西晋泰始八年）八月，孙皓有事召步阐入朝，步阐以为自己大祸临头了，索性在九月举城投降西晋。为了表达自己的诚意，步阐还把自己的侄儿步玑送到西晋首都洛阳当人质。司马炎当然很高兴，立刻大加奖赏，封步阐为都督西陵诸军事、卫将军、开府仪同三司、侍中，领交州牧、宜都公。步阐投敌，吴国上下都非常震惊，要知道步家可是江东大族，而且步阐投降是带着城池西陵一起投降过去的，这一回真是又丢人又丢城了。

陆抗听说了这个消息，连忙派遣将军左奕、吾彦等人进攻西陵，务必要把这个地方抢回来。司马炎那边听到这个情况，便下令荆州刺史杨肇到西陵接应步阐，并且命令车骑将军羊祜率步军攻打江陵，巴东监军徐胤率水军攻击建平。

为了避免敌人里应外合，内外夹击，陆抗一边组织力量狙击西晋的援军，一边对西陵城里的步阐围而不攻。后来，杨肇的援军抵达西陵附近，根据叛逃吴军的指点，他决定挑吴国防守薄弱的山越人的营寨下手。山越人原本就是吴国境内最不服管的一个族群，经常造反，现在勉强降了吴国人，还随着吴国出了兵，但是他们作战的意志可想而知。

可是陆抗不是普通人，他更加棋高一着。分析过敌情后，陆抗明白吴国的降兵肯定会指出这个弱点，并且出主意先打山越人。所以他采取秘密换防的方式，把山越人的营寨换上了精兵强将，专等对方来啃这块骨头。这样一来，战斗的结果就很好猜了。没办法，杨肇只能趁夜逃走。

陆抗原本是想乘胜追击的，但考虑到步阐还在西陵城里，如果他出城袭击，两边同时开战还真有点困难。于是陆抗大鸣擂鼓，装作要追，把杨肇吓得丢盔弃甲地溃逃了。陆抗只派了一小支部队追上去，就把晋军打了个惨败。羊祜那边的发展也不算太好，江陵一直是北方和南方苦苦争夺的军事要塞，吴国在这里已经经营多年，一时半会儿哪里打得下来，况且他的大军是从荆州赶过来的，运粮也是一个大问题，所以只能撤军了。

两路援军一撤，西陵城就成为孤城。最后西陵城破，步阐和他的属下几十个人都被擒杀。西陵之战失败，羊祜也受到了牵连，但并没有失去攻吴成功的信心。

羊祜后来多次和司马炎密商到底该如何攻击吴国。羊祜认为，吴国仰仗长江天险，想要灭掉它，必须要靠水军。而最佳的策略不是渡江，而是从上游顺流而下，必然势不可挡。但是问题来了，西晋继承了魏国的家产，擅长的是骑兵作战，水军是短板。船小不说，数量还很少，尤其和吴国的家当相比，简直不是一个档次的。所以，造大船是当务之急。造船最好的地方就是益州，造好了往水里一放，顺流而下，就可以准备开战了。

于是，司马炎很关切地问羊祜，到底派谁去益州比较合适。羊祜毫不犹豫举荐了一个人，就是王濬。王濬曾经在羊祜手下干过参谋，羊祜对他很了解，认为这个人还是比较有本事的，但是也有缺点，为人奢侈，还很爱摆谱。但打仗必须抱着实用主义的态度，人坏点没关系，能办事就行了，总比那些满嘴的仁义道德、办起事来却一无所长的人要好。司马炎想了想，好像确实是这么回事，于是就任命王濬为益州刺史，全权负责益州的军事。

因为造船是国家现在的重点工程，所以王濬很快就召集到了一万多人，日夜无休，马不停蹄地开工造船，而且造出来的船质量也非常好。最大的船长约一百二十步，据说可以装两千多名士兵。在甲板上战马可以随意奔跑，这一点就和吴国的楼船有得一比了。当然造船不是一天两天的事情，想把船造出来，而且造得好、造得多，是需要时间积累的。这一项宏伟的工程历时七年之久。西晋咸宁五年（279），船终于全部建成服役了。

西晋的超级舰队建成之时，就是吴国的灭国之日。七年说长不长，说短也不短了，这期间有很多事情发生，最值得一提的是两位军事大家去世了。吴凤凰三年（274，西晋泰始十年），吴国最后一位优秀的军事将领陆抗因病去世。从此，吴国再也没有能抵抗北方的军事将领了。等到西晋咸宁四年（278，吴天纪二年），羊祜也去世了。他们两位的去世对这两个国家的影响是相当大的。相对而言，吴国损失最大，因为陆抗死了，吴国后继乏人，只能被动地等待命运的裁决了。而西晋方面地盘广大，人才还有很多，比如羊祜去世时就推荐了杜预当自己的继承人。

虽然眼瞅着吴国国运日薄西山，孙皓却非常自负。理由是他曾经找东吴很红的巫师算过命，每次得出的结论都是让人欢欣鼓舞的，那就是到吴天纪四年（280）时，孙家将统一中原，孙皓将当上真正的天子。有了这个预言，孙皓的生活更加挥霍无度了。但是，如此灭绝人性的君主谁会拥护他呢？

其实，打仗这个事现在主要不是看孙皓，而是看司马炎的。偏偏司马炎一直下不了最终的决心。首先是因为西晋国内局势不稳定，比如西北少数民族一直很不友好，时不时就出来闹点民族矛盾，着实让人心烦。其次，晋国国内贾充那帮人是主和派，力量很强大，他们的想法很明确，那就是不想打仗。所以，讨伐吴国看起来是必须的，但什么时候开始讨伐却没有定论。

这时，益州刺史王濬着急了，他向司马炎上书，反复阐明自己的观点，想拿下吴国必备三个条件：第一，吴国内部出现暴君；第二，我王濬还在益州；第三，船造出来完好无损。在王濬看来，这三个条件缺一不可，关键的是第二个条件，当时王濬已经七十多岁了，如果一拖再拖，哪一天他死了，一切不都白忙活了吗？所以现在的机会千载难逢。

除了王濬之外，继任荆州的杜预也不断上书，力主进攻。再加上张华也一再表示支持，如果再犹豫不决，可能真的会追悔莫及。既然是这样，司马炎就准备开始伐吴的行动了。

吴国的末路

在司马炎积极准备伐吴的同时，吴国内部却还在孙皓的暴政之下风雨飘摇。

对于孙皓的暴行，吴国的大臣们都是敢怒不敢言，唯独有一个叫贺邵的敢站出来劝孙皓，告诫孙皓不要这么残暴。孙皓对此怀恨在心，想方设法要把这个家伙干掉。不久之后，贺邵中风了，不能说话。孙皓命人把他抓来，严刑拷打，非得逼一个中风的人开口说话，而且还抽了他一千多鞭子。孙皓不知道是装傻还是有意的，说贺邵这样是存心和自己抬杠，便下令把他杀了。即便是对待这么一个中风的病人，孙皓的手段也非常残忍，贺邵的脑袋是被生生锯下来的，令人惨不忍睹。

对于这种事，孙皓没有一点羞愧。不仅如此，他的智商也有些欠缺。比如有个叫刁玄的江湖骗子曾经忽悠他，说"黄旗紫盖，见于东南，终有天下者，荆扬之君"。孙皓一听，开心得不得了。其实正常人都知道，这就是个江湖骗子在忽悠人，可孙皓却直接领兵出发，浩浩荡荡要去洛阳接管国家政权，途中还碰上风雪，冻死了无数士兵。直到这时孙皓这才意识到这件事情的荒唐，不得不下令终止了这次不靠谱的行动。

西晋咸宁五年（279）十一月，司马炎下令镇东将军司马伷出涂中，安东将军王浑、扬州刺史周浚出牛渚，建威将军王戎出武昌，平南将军胡奋出夏口，镇南大将军杜预出江陵，龙骧将军王濬、广武将军唐彬浮江东下，贾充为大都督，共六路大军，整整二十万人，目标就是灭掉吴国。

贾充是司马家的心腹，但他不乐意打仗。因为在他眼里，吴国不管什么时候都是真老虎。所以，贾充认为不管用什么方式进攻吴国，都不可能取胜。既然心里有了这种想法，贾充这回又来个故伎重施，说自己年老多病，不堪重任。司马炎一听就火了："君若不行，吾便自出。"无奈之下，贾充极不情愿地接受了前线总指挥的任务。后来的事实说明，攻打吴国基本上都是靠各路将领自己的智慧完成的，贾充这个总指挥基本上就是充个数而已，没发挥多大的作用。

无论如何，万事已经具备。西晋咸宁六年（280）春季，晋军对吴国的军事总攻正式开始了。六路大军齐头并进，而孙皓这边人心尽失，吴军的战斗力大打折扣。所以晋军所面对的吴军，要么逃，要么降了。晋军的行动就如摧枯拉朽一样，进展出乎意料地顺利。而这次行动当中，显然是从益州顺流而下的王濬他们表现得最为出色。

当初为了防止晋军打过长江，吴国这边还特意搞了一个覆盖水上水下的立体防御工程。江面上用很粗的铁链封锁险要，如果真的能把铁链弄开，那么在水底下还有一丈多长的铁锥。等船队过来了，船底就会被"开膛剖肚"。之前的人们好像都对这个铁链没什么好办法，王濬他们该怎么处理这个长江防御体系呢？

王濬根据铁锥、铁链的不同，采取了有针对性的处理方法。对于铁锥，王濬命人造了几十个大木筏，每一个木筏的长、宽都有一百余步。之后在木筏上扎了许多草人，草人披铠甲，拿兵器。让水性好的人与木筏走在前面，遇到铁锥后，铁锥就扎到了木筏上，被木筏带走了。对于铁链，王濬命人造了许多火把，这些火把长十几丈，有几十围粗。之后，把麻油浇在火把上，把火把放在船的前面，遇到铁锁就点燃火把，不一会儿工夫，铁锁就被火把烧得融化断开。这样，王濬的战船就在江面上无所阻挡了。

王濬这边在江面上大展身手，杜预那边的进展也相当顺利。二月十七日，杜预已经攻克了荆州的重镇江陵。江陵当年是曹家和孙家反复争夺的军事要塞，反复易手，你来我往。这么难纠缠的一个地方，在现在的吴国将领手上居然如此不堪，眼一眨就失守了。

江陵的失守是个标志性的事件，整个吴国人心惶惶。很快，各地郡县听闻了消息，望风而降。一看形势大好，司马炎趁机下诏书，让杜预适时移师，招抚零陵郡、桂阳郡、衡阳郡等地。

进军的各路大军势如破竹，让建业城里的孙皓如坐针毡，急忙派出丞相张悌、副军师诸葛靓、丹阳太守沈莹、护军孙震等人带领三万大军逆流而上，迎战晋军。也许是天意使然，到了牛渚的时候，张悌他们率领军队弃船上岸，遭到了晋军将领周浚的迎头痛击。倒霉的吴国军队里，除了诸葛靓带领少数人突围之外，张悌他们全体被歼灭了。

可是，孙皓仍然不愿意放弃，他还想再挣扎一下。当王濬的船队经过武昌时，孙皓急忙东拼西凑，硬是凑了一万水军前来应战。在孙皓一贯的印象中，吴国的水军是无敌的。实际情况却是，吴国的水军一看到王濬的船队旗帜，连象征性的反抗都没有，直接投降了。

王濬等三路大军从不同方向向吴国首都建业齐头推进，声势浩大，建业上下一片震动。孙皓举目四望，手底下能干的人死的死、逃的逃，已经没剩几个人了。吴国已在生死存亡之际，若没有人肯站出来，自己就是第二个刘禅，这样的后果想想都可怕。难道吴国就这么完了吗？

这时，有一位勇士站出来了，表示他愿意为国分忧，这个人叫陶濬，原本他是奉命到广州去讨逆的，走到武昌的时候，正好碰上晋军进攻，没办法只能折回建业。

孙皓问陶濬晋军船队的进展情况，陶濬根本并不了解军情，张口就说："蜀船皆小，今得二万兵，乘大船以战，自足破之。"可是就是这么不经大脑的话，孙皓听后居然大喜过望，他赶紧为陶濬调集队伍人员，准备第二天就出发。

可惜，没有等到第二天就出事了。当天夜里，军营里发生了一件匪夷所思、令人哭笑不得的事情，孙皓辛苦集结的部队人员居然在一夜之间全部逃亡了。天亮之后，军营里只剩下了陶濬一个光杆司令，吴国的希望彻底没有了。

三家归晋

当王濬的巴蜀船队一马当先，看架势不用多久就会直冲到建业的时候，居然发生了一件事，差一点儿让吴国的孙皓苟延残喘地活下去。因为有另外一个人表现虽然一直不太积极，但脸上却挂不住了。

原来，按照司马炎的部署，王濬的船队出巴蜀的时候应该受杜预的节制调度，到了攻击建业的时候，就应该受王浑的节制调度了。杜预是个老好人，认为如果王濬拿下了建平郡，威名已立，自己也没必要节制他了。但是王浑却没有这么宽广的胸怀，他认为这个青史留名的机会应该是自己的，现在王濬居然指挥着舰队，站到了历史的最前台，准备接受吴国皇帝孙皓的投降，王浑当然不愿意乐观其成了。

于是，王浑立刻派使者给王濬带去了一封信，让他暂停行动，务必马上来到大营指挥部参加军事研讨会，以便统一部署。王濬当然不愿意同意，现在他手下有八万人，再加上无敌舰队，拿下建业应该没有问题。所以王濬只是派手下一个通讯员过去，回了王浑说因为风大，船不能停，所以只能顺流而下了。

收到回复后，王浑心里百般不是滋味，看来王濬是不把自己放在眼里的，他只能浑浑噩噩地站在岸边，眼睁睁看着江面上王濬的船队轰轰烈烈地向建业冲去，发动了最后的总攻。

孙皓现在手下没有士兵、没有将领、没有外援、没有智囊，甚至连抵抗的勇气也没有了。这时，孙皓开始认真借鉴刘禅的投降模式，也脱掉衣服，双手反绑，后面还有人抬着棺材，跑到王濬大营里乞降。到这一刻，吴国正式宣告灭亡。王濬也像当年邓艾对待刘禅一样，热情地迎上来为他松绑，并对他的投降行为表示高度赞赏。

接受孙皓投降的时候，王濬不知道心里有多爽，可是王浑知道了这个消息后却觉得很气愤。王浑脑子一上火，居然向部队下达了一个神经病似的命令，那就是全员出击，攻击王濬的部队。王濬手下的将领何攀听到了风声，知道这事不妙，立刻过来给王濬出主意，只有把这投降的吴国皇帝孙皓移交给王浑，这事儿才能算完。

王濬本来就不是什么心胸狭隘的人，老实说他也不是为抢功劳而来的。目前出现这种状况，他也不愿意见到。于是，王濬下令把孙皓转送给王浑。王浑一接到孙皓，也确实找不到痛扁王濬的理由了。所以，王浑也只能被迫放弃军事行动，改用政治手腕了，这种手腕就是污蔑。王浑向司马炎打报告说，王濬不乐意听指挥、有反骨，等等。还好司马炎这个时候还是很清醒的，并没有把王浑为王濬编造出来的罪名当回事，只是下了个诏书，不痛不痒地做了一番批评教育，然后该封赏封赏，这件事就这么不了了之了。如果不这么处理，说不定这两位姓王的将领就会变成当初的钟会和邓艾了。

司马炎灭掉吴国以后，心情特别好，他比谁都清楚灭掉吴国的历史意义。为了让这个闪光点大放光芒，他决定在自己的金銮殿里再举行一次受降仪式。同样是亡国之君，显然孙皓这方面的运气比刘禅差一点，他要经受两次投降仪式才算过关，而且这一次的规模比上一次大得多，西晋在京的全体高层都参与了。

在大殿上，孙皓向司马炎磕头行礼。显然，司马炎这个时候心里爽得不行，现场幽默了一把，指着旁边的座位对孙皓说："朕设此座以待卿久矣。"这话一出，那些文武百官个个露出了会心的笑容，而吴国那些官员面如死灰，这根本就是当众羞辱。可是孙皓却面不改色，他是这么回答的："臣于南方，亦设此座以待陛下。"这话说得真是太刺激了，显然要比刘禅的"此间乐，乐不思蜀"要好得多，也更加有骨气。司马炎听了也是呵呵一笑，反正从此以后他就是普通人一个，这天下再也没有吴国了。三家归晋，三国的历史也到此结束了。

后记

蜀国被灭了，吴国也亡了，三国的历史就在这里停住了脚步。认真算起来，三国的历史并不长，较真来说，应该从曹丕篡汉的公元 220 年算起，到三家归晋的公元 280 年，前后正好 60 年。从我们所能接触到的历史来看，任凭如何鲜活的人，再怎么轰动的事，现如今也只剩下隐约的轮廓，陈旧而又模糊了，只能在纸堆里一页页翻过来。

这是历史的无奈，也是现实的无奈，三国也不例外。我们需要用某一种方式，带领大家穿越回 1800 年前的那个战火纷飞的时代，置身于英雄时代，才能够真切感到历史的鲜活，在刀光剑影、金戈铁马中，感受淋漓的鲜血、腾空的烈焰、震天的呐喊，还有仆仆的风尘。这样，才能真正体会到三国所具有的质感和温度。

在《谢涛说真三国》中，我们尽量把真实的三国奉献给大家。不管大家接受也好，排斥也罢，三国的历史就在那里摆着，它的精彩并不是争论哪个人是正统，并不是以一个人带起整段历史。事实上，它的金字塔尖并非一个点，而是三足鼎立。三家各有各的精彩，各有各的过人之处。也正是因为这三家各有优点，所以才有了三国鼎立的精彩；也正是因为这三家各有短板，所以三国的历史才有了这么多的波折。从这个角度讲，三国的历史不正如我们自己的人生吗？

有人说，忘记历史就意味着背叛，而记住历史的前提就是搞清历史。如果我们只是稀里糊涂地知道其中一点历史，却搞不清它真正的面目，那不就如做人一样迷失自我了吗？所以，不要去单纯地迷恋英雄。英雄只是传说，而在历史当中，他们应该从英雄榜上走下来，坐在你我的对面。事实上，你我就是这些英雄，你我的人生其实离那些英雄并不遥远。

从三国里寻找人生梦想，从人生里找寻三国真相。或许只有这样，三国的故事对于我们来说才有了真正的意义。在此，请允许我们再一次对《三国演义》这部伟大的作品表示无限的崇敬。没有它，也许我们后人就会少很多对三国的关切。正如这部小说卷首词里写的一样，"滚滚长江东逝水，浪花淘尽英雄，是非成败转头空。青山依旧在，几度夕阳红。白发渔樵江渚上，惯看秋月春风，一壶浊酒喜相逢。古今多少事，都付笑谈中。"